SEDAN

EN 1870

Charleville, Imprimerie de F. DEVIN, rue de Clèves, 8.

SEDAN

EN 1870

LA BATAILLE & LA CAPITULATION

Par un Sedanais

OUVRAGE INÉDIT

PARIS

E. DENTU, Libraire-Éditeur

PALAIS-ROYAL, 17 ET 19, GALERIE D'ORLEANS

—

1872

PRÉFACE

« Quœque ipse misserrima vidi. »
VIRG.

Avant que la douleur privée ne vienne se joindre à la tristesse amère que nous causent les épouvantables désastres de l'invasion, j'essaie de tracer, d'une main qui frémit d'indignation, l'histoire de la lamentable capitulation de Sedan.

C'est là, c'est sous nos yeux que le second Empire, succombant sous le poids de la réprobation et du mépris publics, s'est abîmé dans la honte; et cette page que j'ajoute aux annales d'une ville qui, fatalement, subit l'opprobre de donner son nom à un forfait qui n'a pas encore d'analogie dans l'histoire, sera la divulgation la plus flétrissante des tentatives de l'Empereur, qui, pour sauver sa funeste dynastie, a fait tomber de nos mains les armes destinées à repousser l'ennemi.

Elle sera aussi comme la préface des entreprises ambitieuses de la Prusse qui, dans l'ivresse de ses premiers succès et dans la joie d'avoir brisé l'épée impériale, a rêvé la domination de l'Europe, et s'acharnant contre le dernier obstacle qui s'oppose à ses envahissements, marche audacieusement sur Paris et s'apprête à frapper la France au cœur.

L'abaissement de la France!

Voilà le but final d'une invasion qu'encourage la neutralité menteuse des puissances rivales et où, depuis Bazeilles, la barbarie a été donnée comme escorte à la guerre.

Car ce n'est plus sur le glorieux héritier déchu du nom d'un grand homme, c'est sur la nation qui, trop infatuée de sa gloire militaire, a permis à une main parjure de promener encore une fois son drapeau victorieux dans les régions les plus lointaines;

Ce n'est plus sur l'homme de Sedan, non, c'est sur elle, la reine des arts, dont la couronne est tressée des lauriers de la Grèce et de l'Égypte, l'âme vivante des grandes et généreuses idées dans la politique, la gardienne héroïque et fidèle des principes qui assurent l'émancipation des peuples, que se portent les haines de l'étranger et la rage ambitieuse d'un roi féodal se disant l'envoyé de Dieu pour avoir le droit de bouleverser l'Europe à son profit.

Qu'il accomplisse donc sa mission divine en renouvelant au sein de la civilisation chrétienne les cruelles

dévastations et les horreurs sanglantes des barbares ;
mais s'il aspire à la domination, qu'il cesse d'aspirer
à la grandeur ; car, fût-il vainqueur, il ne peut plus
ramasser, comme à Sedan et à Metz, que des lauriers
dédaignés par la gloire.

Sedan, le 25 décembre 1870.

FRANÇOIS-FRANQUET.

Sedan avant la déclaration de guerre.

————————◆————————

On ne trouve plus à Sedan, si ce n'est en évoquant de lointains souvenirs, rien de ce qui en a fait la gloire dans les armes, rien non plus de ce qui l'a rendue célèbre dans les lettres et dans les sciences, et lui a mérité le surnom de Petite Genève sous le règne de ses princes souverains, aussi vaillants guerriers que sages législateurs.

On n'y trouve même plus que de faibles vestiges des monuments de son ancienne principauté, la plus petite de l'une des dernières alluvions de la France ; aussi l'étranger qui traverse la ville passe-t-il souvent sans s'arrêter devant l'église paroissiale, l'ancien temple protestant, œuvre presque moderne dépourvue de grâce et dont la nef seule porte l'empreinte de la sévérité du culte, de même devant le temple actuel, fort modeste édifice dans lequel il n'entre jamais, à moins que ce ne soit pour s'y recueillir et méditer sur le tombeau qui renferme les restes pieusement recueillis de ceux qui ont donné le jour à Turenne.

Seul, par sa masse imposante et altière, le vieux château

attire ses regards, et ce n'est pas sans émotion qu'après avoir franchi les ponts-levis et les fossés qui séparent la citadelle et la ville il pénètre au centre de la sombre demeure des anciens princes souverains, et lit sur un vieux mur formant avec quelques arceaux d'une galerie les derniers restes du Palais, cette simple inscription :

TURENNE NAQUIT ICI

11 *septembre* 1611.

Mais au lieu de cette vie intellectuelle, des ces luttes armées et de ces agitations théologiques qui en avaient fait un petit état guerroyant, et l'un des remparts du protestantisme, la ville moderne jouit de la vie matérielle du commerce et de l'industrie dans leur plus ample et leur plus riche développement.

Lorsqu'on approche de Sedan on voit qu'il y a là un centre industriel de premier ordre.

A l'extérieur il s'annonce par les cheminées des fabriques et les rames de draps aux couleurs variées.

Ses vastes bâtiments, ses riches toits d'ardoise, sa belle avenue de la gare, ses ponts, d'où la vue se porte au loin sur les côteaux boisés de la Marphée, son quartier neuf de la Sorille, dont les édifices peuvent soutenir la comparaison avec tout ce qu'a produit de plus confortable l'art de la construction moderne, tout jusqu'à la propreté de ses rues, lui donne un séduisant aspect.

A l'intérieur ce ne sont que camions chargés de laines, que voitures de luxe sillonnant les rues.

A l'heure de midi, comme au repos du soir, des flots

d'ouvriers se pressent dans la rue de Bourbon, sa grande artère (1) et aux jours de fête, c'est toute sa population qui circule avide de distraction et de plaisir.

Il semble que de fréquentes relations avec la capitale aient fait de toute la ville un véritable quartier d'élégance parisienne.

Si, maintenant, nous voulons donner au tableau toute sa couleur locale, il faut que nous lui prêtions son ombre.

Là, l'esprit de négoce règne en souverain.

Là, aucun instinct naturel, ni pour les arts, ni pour les sciences, et le goût des études sérieuses, constamment étouffé par les facilités qu'on y trouve pour s'enrichir dans l'industrie.

Seule la fortune y donne du prestige.

L'égoïsme enfin a fait naître dans ce riche et prospère atelier toutes les rivalités de comptoir.

Ce serait, cependant, se montrer injuste envers la population sedanaise si on ne louait hautement son esprit d'ordre et d'économie, sa prudence et son exactitude dans la conduite des affaires commerciales, et encore, — car c'est une de ses plus belles qualités, — sa tolérance religieuse, que n'a jamais pu altérer dans ces derniers temps la profession simultanée de trois cultes différents (2).

(1) La grande rue à laquelle Françoise de Bourbon, veuve de Henri Robert de La Marck, princesse régente de Sedan, a donné son nom.

(2) La population ouvrière de Sedan dont MM. Villermé et Audiganc ont rendu si bon témoignage et dont la moralité est si cruellement éprouvée en ce moment, est restée de toutes la plus honnête et la plus paisible.

En 1848 comme en 1830 on n'a eu à lui reprocher aucun de ces excès qu'entraînent presque toujours à leur suite le chômage et la misère.

Son intelligence contribue puissamment aussi à l'extension de l'industrie, car depuis que la fabrication des draps s'est transformée, on voit sortir de son sein un grand nombre de contre-maîtres qui, à l'exemple de leurs patrons, donnent à leurs produits le renom du bon marché et le lustre de la nouveauté.

Pour ne parler que de la prospérité de la ville indus-
trielle, on sait que tout récemment, lorsque le pays était
dans l'attente de grands événements et que l'Empire chan-
celait sur sa base plébiscitaire, sa fabrication était encore
animée d'une activité dévorante.

Jamais les produits de ses manufactures, placés au premier rang dans l'exposition universelle, n'avaient été ni
aussi variés, ni aussi abondants.

Il y avait donc un grand mouvement d'affaires et de
grands profits en perspective au moment où fut voté le
Plébiscite du mois de mai.

Alors, comme toujours il arrive pour ceux que l'appât
du gain entraîne à se désintéresser des affaires publiques,
il y eut absence complète d'intelligence politique et, pour
la première fois, la ville, qui ne s'en était jamais rendue
digne, provoqua par son vote affirmatif la visite de l'Empereur.

Elle ne se croyait pas pour cela corrompue, mais seulement bien avisée, et elle tentait l'aventure.

Mal notée d'abord, elle n'avait pu obtenir du gouvernement le droit d'agrandir son enceinte habitée sans être
tenue de faire exécuter à ses frais de nouveaux travaux de
défense.

Le génie militaire, partisan de la stratégie arriérée de
Vauban, se proposait de l'embastionner encore plus qu'elle
ne l'était à l'intérieur, alléguant que ces doubles enceintes,
ces murs crénelés et ces fossés inondés, tout en complétant
la défense de la place, protégeraient par cela même l'industrie locale.

Nous savons aujourd'hui en quoi ces fortifications à l'intérieur peuvent nous être secourables en cas de siége.

Il est vrai qu'un paratonnerre, lorsqu'il est en mauvais état, fait éclater la foudre sur l'édifice qu'on voulait protéger.

C'est ce qui allait arriver.

La catastrophe de Sedan éclatera comme un véritable coup de tonnerre.

Etat de défense de la place. — La visite du prince Impérial. — Alerte du 28 août.

—⟨⟩—

On allait atteindre les derniers jours du mois d'août, et l'on ne connaissait encore, d'une manière bien exacte, ni les forces ni les mouvements des armées envahissantes ; mais on suivait avec anxiété les premiers pas du maréchal Mac-Mahon qui, à la tête d'une armée réorganisée autour des glorieux débris de Reichsoffen, se rapprochait du chemin de fer de l'Est et s'appuyait sur les places fortes de la Meuse et des Ardennes pour se diriger vers Metz à la rencontre du maréchal Bazaine.

Jusque là l'orage qui grondait au-dessus de la Lorraine ne paraissait pas s'avancer vers nous, et on avait regardé Sedan comme une ville neutre en raison de sa proximité de la Belgique et de son éloignement du théâtre obligé de la guerre.

On avait donc moins pensé à s'y défendre qu'à y organiser des secours aux blessés qu'un simple drapeau devait protéger contre l'ennemi.

De vastes établissements avaient été convertis en ambulances et les dons en argent et en nature étaient offerts avec le plus généreux empressement.

Mais les trains passaient sans s'arrêter, si ce n'est pour laisser mourir en repos quelques malheureux blessés.

Bientôt, qui aurait pu le croire? ces emplacements vides seront insuffisants pour contenir tous ceux de nos soldats qui seront foudroyés sous nos yeux!!

Il n'en était pas de même des dispositions prises pour la défense de la place.

Le ministre de la guerre n'avait plus ni hommes ni argent dont il pût disposer pour mettre la forteresse en bon état.

L'incertitude des plans militaires que l'on pouvait adopter, dans des circonstances si critiques, ne permettait pas d'ailleurs de prévoir la nécessité de se mettre en garde sur ce point de la frontière.

De garnison, point: elle a quitté Sedan pour Thionville, qui va être sérieusement menacé. (1)

Nous avions, il est vrai, une belle compagnie de pompiers, bien équipée, bien exercée et surtout bien commandée;

Quatre compagnies de garde nationale sédentaire, armées de fusils à pistons et renforcées de deux batteries d'artillerie;

Un escadron de gendarmes à cheval destiné à transmettre les ordres et à faire des sorties en éclaireurs;

(1) Thionville, construit par Vauban pour doubler la force de la citadelle de Metz, n'avait pas de garnison quelques jours avant que l'ennemi ne fît une première tentative de la surprendre.

Et mille gardes mobiles de l'arrondissement de Vouziers
et de l'Aisne, beaux et vigoureux soldats portant la blouse
gauloise et armés de fusils à tabatière. (1).

Mais pas un seul de ces artilleurs pleins d'entrain et
capables, après quelques jours d'exercice, d'exécuter toutes
les manœuvres, n'avait tiré un seul coup de canon.

Les gardes nationaux et les mobiles n'étaient pas encore
au courant du service de la place et tous s'exerçaient à
exécuter les mouvements de marche sans tirer un seul
coup de fusil.

Dans la citadelle, de la poudre, mais point de comesti-
bles ; depuis longtemps on y voyait quelques amas de
bombes et de boulets (2), à travers lesquels poussaient de
hautes herbes, et sur les remparts hérissés de palissades,
depuis la querelle d'avant-garde du Luxembourg, venaient
d'être hissés des canons, les uns lisses, les autres rayés, les
premiers muets depuis 1814, les seconds depuis les derniers jours de fête.

Loin de témoigner d'efforts courageux, les préparatifs

(1) A l'exception des premiers grades qui ont été accordés à d'anciens
officiers ayant fait leurs preuves, on a eu à déplorer, dans la garde mobile,
la nomination d'officiers et de sous-officiers qui, pour la plupart, doivent à
la faveur leurs neuves et brillantes épaulettes.

S'ils avaient pu prévoir une si prompte et si redoutable invasion, ils
auraient peut-être moins ambitionné ces grades, non parce qu'ils man-
quaient de courage, mais parce que, sans expérience dans le métier des
armes, ils pouvaient exposer imprudemment la vie de leurs soldats et
même compromettre le sort d'une armée tout entière.

On a dit qu'à Sedan nous avions bon nombre d'*immobiles*. Cependant
plusieurs fils de famille et quelques jeunes chefs de nos grandes maisons
de fabrique sont entrés au service au jour du danger. Quelques-uns se sont
abstenus parce qu'ils étaient malades ou d'une trop faible complexion.

C'est dans la population ouvrière que l'on compte le plus d'abstentions,
encore sont-elles en partie justifiées par le malheur des temps ; il y a eu
aussi chez elle un peu de mauvaise volonté : ne voyant pas l'élan donné
par en haut, elle est restée froide.

(2) On y a retrouvé aussi quelques anciens boulets en pierre.

de la défense ne pourvoyaient même pas aux nécessités les plus impérieuses.

A l'aide des mobiles, devenus manœuvres avant de devenir soldats, on construit, en amont du grand Pont de Torcy, un barrage au moyen duquel on pourra tendre l'inondation dans la prairie et dans les fossés de l'enceinte fortifiée ; mais on ne s'occupe ni des hauteurs boisées de la rive gauche qui placent la forteresse à la bouche du canon de l'ennemi, ni même de la redoute en terre qui domine le château et qu'on avait construite en 1814, à une époque où l'artillerie n'avait reçu aucuns des perfectionnements qui la rendent aujourd'hui si redoutable (1).

Arbres, clôtures, constructions, on laisse subsister tout ce qui peut faciliter l'approche de la place, en sorte que sur divers points l'ennemi pouvait venir fusiller presqu'à bout portant la sentinelle placée sur le rempart.

Comment diriger le tir de cette batterie qui n'est pas même autorisée à abattre les arbres qui forment rideau devant elle et lui dérobent la vue des assaillants ? (2)

Malgré ce mauvais état de la défense, l'espoir que l'on fondait sur la résistance énergique du maréchal Bazaine, sur la capacité et l'héroïque valeur de Mac-Mahon, avait

(1) C'est l'emplacement de cette redoute que l'on décore du nom de camp retranché dans les divers récits de la bataille.

Les lignes fortifiées dont on l'entoure sur les tracés fantaisistes qui accompagnent ces récits n'ont jamais existé.

On donne également le nom de camp retranché à un plateau qui domine Mon Repos, où l'armée de Lafayette prenait ses cantonnements en 1792. C'est à son quartier général de Mon Repos, maison de plaisance, qu'a été écrite cette fameuse lettre du 19 août 1792, commençant ainsi : « Si la dernière goutte de mon sang pouvait servir la commune de Sedan, elle a droit à ce sacrifice... »

(2) Celle qui, le jour du combat, devait tirer sur l'ennemi qui s'abritait dans les maisons voisines de la porte de Paris.

exalté le courage des braves et calmé les frayeurs de la population qu'alarmait et faisait émigrer l'approche de l'ennemi.

La sentinelle du poste de la Cassine n'eut donc pas à jeter le cri d'alarme lorsque, le 28 août, vers midi, elle vit s'avancer aux portes une escorte brillante et dorée.

Le Prince Impérial venait visiter Sedan.

La population se montra plus inquiète et cependant elle fut touchée d'une tendre pitié à la vue de cette jeune victime de l'ambition dynastique.

La journée s'écoula dans un grand calme, sans réception officielle de le part du jeune prince fatigué et souffrant, sans nouvelles inquiétantes du dehors.

La garnison se tint en éveil : les postes furent mieux gardés, mieux surveillés. Mais vers neuf heures, à nuit close, une rixe entre gens ivres s'élève dans les environs de la gare. Les cris : au secours! auxquels succèdent les cris : aux armes! poussés vers le poste voisin sont répétés et rapportés au centre de la ville par le capitaine de gendarmerie et font croire à une surprise.

L'alarme se répand comme si l'ennemi était à nos portes, et, pendant quelques instants, la terreur et la confusion règnent dans la ville.

Cependant on se rassure lorsque l'on voit la défense s'organiser avec autant d'ordre que de promptitude.

Fusils et cartouches sont délivrés à tous les hommes de bonne volonté, qui chargent leurs armes et courent aux remparts.

Ces cris, ce tumulte, ce cliquetis des armes, dans l'obscurité de la nuit, n'étaient point de nature à rassurer le jeune prince, et, le lendemain matin, il quitta la ville sans qu'on ait eu ni le temps ni même la pensée de lui faire voir, avant qu'il ne fût conquis par nos envahisseurs, le bastion où Turenne enfant fut trouvé endormi sur l'affût d'un canon.

**Premiers mouvements connus et commentés de l'ar-
mée de Châlons, — sa force insuffisante et son organisation imparfaite. — L'empereur réfugié à Verdun, — ses résolutions.**

L'incendie volontaire du camp de Châlons éclairait de
ses sinistres lueurs la trace sanglante d'une série de désastres auxquels la grande et glorieuse bataille de Gravelotte
n'avait pu mettre un terme.

Et cependant, à l'aide de journaux subventionnés et de
dépêches officielles où le mensonge se mêlait à la vérité,
l'autorité était parvenue à entretenir encore nos dernières
illusions (1).

Le nom de Bazaine, glorieux alors, était dans toutes les
bouches, et la dépêche annonçant que des bataillons ennemis avaient été culbutés tout entiers dans les carrières de
Jaumont, était affichée sur les murs de la ville.

Les armées françaises, disait-on, surprises et accablées

(1) Comme leurs ancêtres, les Sedanais ont toujours professé un véritable culte pour la gloire des armes.

par le nombre, ne se repliaient que pour reprendre bientôt une offensive décisive et hardie... C'était une décevante erreur.

Le flot de l'invasion s'avançait terrible et menaçant, et l'on n'ignorait déjà plus que l'Empereur, voyant le prestige d'un premier succès lui échapper, s'était dessaisi du commandement en chef de l'armée.

On le représentait s'échappant du champ de bataille de Gravelotte, pour fuir devant l'ennemi et se réfugier dans la place forte de Verdun.

On savait que le prince impérial, trop jeune, hélas! pour qu'on eût le triste courage de lui faire voir un champ de bataille (1), venait de s'éloigner du théâtre de la guerre et d'arriver à Mézières.

On savait enfin que le maréchal Mac-Mahon, en quittant Châlons à la tête de la seule armée qui parût avoir conservé la liberté de ses mouvements, s'était d'abord dirigé vers Reims, puis avait rétrogradé vers Montmédy, et que, modifiant une seconde fois l'ordre de sa marche, il avait gagné Rethel, où il séjournait avec l'Empereur.

Et on se demandait avec anxiété pourquoi, à l'approche des armées envahissantes, on abandonnait un camp retranché et un poste si favorable pour donner à nos soldats l'avantage d'en venir aux mains et de lutter cette fois corps à corps avec l'ennemi?

Pourquoi, si elle ne pouvait arrêter le prince royal dans sa marche imprudente sur Paris, l'armée ne se rapprochait-elle pas au moins de la capitale qui allait être si vite et si sérieusement menacée?

(1) Ne lui avait-on pas montré celui de Saarbruck? (H. P.)

La composition improvisée et l'organisation inachevée de l'armée de Châlons, sur la valeur de laquelle allaient se jouer les destinées de l'empire, la marche rétrograde du prince royal de Prusse, les résolutions du gouvernement de la régence, prises d'accord avec les vues secrètes de l'empereur, pouvaient seules, étant bien connues comme elles le sont aujourd'hui, répondre à ces questions qu'inspirait aux uns la crainte, aux autres l'espoir.

Une chose aurait dû cependant frapper tous les esprits; c'est que l'armée de Châlons n'avait pu être si promptement organisée qu'au moyen des éléments les plus divers (1).

Sous ses drapeaux avaient été réunis et devaient marcher plusieurs divisions des corps des généraux Douay et Canrobert, les débris des 1er, 5e et 7e corps de l'armée du maréchal Mac-Mahon ralliés après Wœrth, chasseurs, zouaves et turcos, nos vaillants soldats d'Afrique, quatre régiments d'infanterie de marine, nos braves du champ de bataille de Bazeilles, et les régiments neufs, composés de volontaires et en plus grand nombre de soldats de la réserve appelée depuis peu.

Elle était pourvue d'une bonne cavalerie et d'une artillerie de campagne qui faisait bien présumer de sa force par la présence des mitrailleuses.

Elle n'offrait point, dans son ensemble, comme on l'a reconnu trop tard, cette cohésion et cette solidité sur lesquelles il faut compter pour tenter une attaque hardie ou exécuter un mouvement dangereux; mais les nouvelles troupes, par suite de leur contact avec les anciennes,

(1) Voir la composition de l'armée de Châlons, notice n° 2.

étaient pleines d'entrain, et celles mêmes qui avaient été écrasées par le nombre, dans les premiers combats, n'étaient pas découragées, tant était grande leur confiance dans leur général, leur vrai et digne chef d'élection.

Ces bonnes dispositions commençaient à s'affermir quand elles virent avec autant d'irritation que d'étonnement le drapeau flotter sur la tente de l'empereur, qui en quittant sa garde était venu s'égarer au milieu d'elles.

Il était accompagné du prince impérial, escorté de la brillante cohorte de ses fidèles cent-gardes et suivi d'un train somptueux de bagages et de fourgons.

Elles durent être bien désespérées les résolutions que venait de prendre dans de si funestes conjonctures celui sur lequel pèse la plus grande part de responsabilité de tant de ruines et de malheurs.

L'empereur, en effet, n'avait pu maintenir le général Lebœuf dans ses fonctions de major-général et avait remis le commandement en chef aux mains du maréchal Bazaine.

Celui-ci, dont les visées ambitieuses étaient secondées par les événements, s'était retiré sous les murs de Metz à la suite du combat de Gravelotte qui fut si glorieux pour nos armes mais qui, dans ses résultats, fut à bon droit considéré comme une véritable victoire pour l'ennemi.

L'empereur abandonné, trahi peut-être, se réfugiait dans Verdun, où il fut informé qu'à Paris on demandait ouvertement sa déchéance.

S'il régnait, il ne gouvernait plus, car ses ministres ne prononçaient plus son nom et convoquaient les Chambres sans lui en référer.

Dessaisi du commandement de sa grande armée par suite d'une abstention forcée, il se voyait en outre, par suite du rétablissement d'un régime libéral qu'il avait conspué pendant son règne, dépouillé des principales prérogatives que lui avait de nouveau conféré le dernier plébiscite.

Que d'amères pensées de regret et quel sombre désespoir ont dû alors agiter ses esprits !!

Il tombe écrasé sous le poids de la responsabilité la plus effrayante envers le pays et la postérité.

Car il a imprudemment déclaré la guerre en trompant la nation qu'il entraîne à sa suite et les affreux désastres de l'invasion vont ternir à jamais l'éclat du grand nom qui a soutenu son autorité suprême pendant vingt ans.

Pour avoir fait une guerre qui est devenue nationale il n'a cependant pas cessé d'être l'élu de la France.

En relevant le prestige que son nom avait imprimé à la nation, il en a imposé à toute l'Europe jalouse et muette de peur.

Après un règne d'un faste corrupteur mais éblouissant, d'une prospérité inouie et dont les premiers temps n'ont pas été sans gloire, le pays n'a-t-il pas adopté irrévocablement sa dynastie ?

Quel parti prendre pour conjurer le sombre avenir ?

C'est la tête ceinte des lauriers de la victoire qu'il espérait rentrer à Paris, et s'il y rentre sans être vainqueur il se perd !

Les portes de Metz se sont refermées sur lui et d'un moment à l'autre il peut être bloqué dans Verdun ou forcé de chercher un refuge sur la terre étrangère.

Se laissera-t-il précipiter du faîte du pouvoir sans avoir pu réaliser au moins les derniers rêves de son ambition dynastique ?

Son étoile qui pâlissait aurait-elle tout-à-fait disparu ?

Non, elle jette encore une faible lueur qui peut se raviver et l'heure n'a pas sonné à laquelle il pourra dire : mon rôle est joué.

Son plan était fait : il avait donc quitté Verdun et s'il s'arrêtait au camp c'était dans l'espoir que l'armée de Châlons, au sein de laquelle il y aurait sécurité pour sa personne, pourrait rétablir sa fortune. C'est à partir de ce moment critique qu'a commencé l'agonie de l'empire.

Conseil de guerre in extremis. — Destination de l'armée de Châlons selon les vues du maréchal Mac-Mahon. — Décision contraire du gouvernement de la Régence. — Marche lente et désordonnée de l'armée. — Causes avérées de ses privations, de ses fatigues et de son état d'indiscipline et de découragement.

Au camp de Châlons l'empereur trouvait le maréchal Mac-Mahon, le général Berthaut, commandant de la garde nationale mobile de récente formation, et le général Trochu, chargé d'organiser le 12e corps que nous retrouverons en ligne aux combats de Bazeilles.

Le prince Napoléon y arrivait aussi, mais ce n'était pas pour y attendre l'ennemi et prêter à son cousin le secours de son épée.

On se réunit en conseil et on décide :

« Que l'empereur nommera le général Trochu au com-
« mandement de l'armée de Paris; que les troupes réu-
« nies à Châlons se dirigeront vers la capitale sous les
« ordres du maréchal Mac-Mahon; que la garde natio-

« nale mobile se rendra au camp de Saint-Maur et que
« l'empereur ira à Paris où l'appelle son devoir. »

Cette décision qu'imposait à l'empereur l'opinion publique, si justement alarmée, avait suscité une vive opposi-
tion au sein du gouvernement de la Régence.

« Paris, disait-on, est en parfait état de défense ; sa
« garnison est nombreuse ; l'armée de Châlons doit être
« employée à débloquer Metz ; la garde nationale mobile
« serait un danger pour la capitale ; le caractère du géné-
« ral Trochu n'inspire aucune confiance ; enfin le retour
« de l'empereur à Paris serait mal interprété par l'opi-
« nion publique. »

Ces assertions étaient plus que hasardées ; toutes, sauf
la dernière, elles étaient fausses.

Avant le 25 août, les forts de Paris n'étaient pas encore
occupés, ils n'étaient pas même armés : on commençait
seulement à placer les portes et, à part la garde nationale, la garnison ne se composait que de quelques régiments auxquels sont venus se joindre successivement les
débris de différents corps (1).

La garde mobile n'était un danger que pour un gouvernement aux expédients qui ne pouvait ni l'armer ni la
nourrir.

La probité, qui est le fond du caractère du général
Trochu, n'a jamais donné prise à la corruption de la cour
impériale, voilà ce qui est vrai.

Et ce qui est vrai aussi, c'est que l'empereur n'osait
plus rentrer à Paris, et que d'accord avec lui, le gouver-

(1) La défense de Paris n'a été si prodigieusement organisée qu'après la
Révolution du 4 septembre.

nement de la régence voulait rétroagir contre l'idée sage et patriotique de placer l'armée de Châlons sous les murs de la capitale.

Le maréchal Mac-Mahon, pour faire accepter cette idée qui était sienne, eut beau insister en disant : « qu'il ne « croyait pas que son armée fût capable d'offrir à l'ennemi « une résistance sérieuse et qu'au lieu de l'exposer aux « dangers d'un retour offensif sur Metz, il voulait qu'elle « se réfugiât sous les murs de Paris pour s'y reposer et « s'y reconstituer. » Il ne fut pas écouté.

C'est qu'en effet l'armée de Metz, rendue libre, peut seule sauver la dynastie.

Périsse donc l'armée de Châlons, s'il le faut; car elle doit marcher en prêtant le flanc aux deux armées des princes de Prusse et de Saxe, si elle tente de délivrer le maréchal Bazaine que tient enfermé dans Metz le prince Frédéric-Charles à la tête d'une armée forte de plus de 200,000 hommes (1).

Le maréchal vit bien qu'on allait lui susciter des obstacles dans sa marche vers Paris et, se hâtant de prévenir des ordres contraires, il livre le camp aux flammes et part en annonçant au gouvernement de la Régence qu'il va établir son quartier-général à Reims pour de là se diriger sur Soissons ou sur Paris.

A Reims il se trouvait à la tête d'un réseau de chemins de fer qui lui permettait de se porter dans toutes les di-

---

(1) Les armées allemandes occupaient les positions suivantes :
Le prince royal de Saxe campait de Verdun à la frontière belge avec 100,000 hommes.
Le prince royal de Prusse était à la tête de 150,000 hommes et avait son quartier-général à Bar-le-Duc.

rections et d'éviter l'embarras et la fatigue à une armée surchargée de bagages, et dans les rangs de laquelle, dès les premiers jours, se manifestaient déjà les signes précurseurs d'un véritable désordre.

Mais s'il veut marcher droit devant lui, il faut qu'il passe sur le corps à M. Rouher et à M. de Saint-Paul qui viennent à la rencontre de l'empereur, pour l'exhorter à ne pas affronter les clameurs d'une capitale prête à s'insurger et supplient le maréchal, M. de Saint-Paul avec larmes, de renoncer à diriger l'armée sur Paris où ne pouvait rentrer l'empereur.

Le maréchal veut passer outre; puis, à la fin, pressé par les plus vives supplications et voulant concilier ses devoirs de fidélité avec les exigences de sa position, il consent à marcher vers Metz si on lui donne la certitude que le maréchal Bazaine, dont il se défie, consent à faire sa jonction avec lui.

Des personnes dignes de foi affirment que l'assurance lui en fut donnée au moyen d'une dépêche attribuée au maréchal Bazaine lui-même (1).

Ce qui autorise à le croire, c'est l'injonction impérieuse que le maréchal reçoit incontinent du conseil des ministres, auquel s'étaient adjoints les membres du conseil privé, ainsi que les présidents des deux Chambres (2).

Il obéit (3), et l'empereur paraît se résigner en ne s'opposant pas à une décision si conforme à ses vues.

---

(1) C'est probablement d'après ces indices que vers la fin de la bataille de Sedan on répandit dans la ville consternée et dans les rangs des combattants qui commençaient à faiblir, le bruit de l'arrivée du marécha Bazaine.

(2) L'ordre de marcher vers Metz.

(3) Cette seule dépêche suffit pour décharger l'illustre maréchal de tou

Il va donc continuer à suivre de sa personne et à diriger les mouvements d'une armée qui, engagée comme dernier enjeu, peut encore rétablir sa fortune.

Soutenu par l'orgueil qu'inspire toujours l'exercice d'un grand pouvoir, il veut tenter une dernière fois les hasards des combats avec celui de ses lieutenants dont le noble caractère lui promettait fidélité et dévouement dans le malheur et dont les hardies conceptions pouvaient encore, comme sur le champ de bataille de Magenta, ramener la victoire sous nos drapeaux.

Voilà donc l'armée qui quitte Reims (c'était le 23 août) pour prendre la direction de Montmédy.

Elle arrive le même jour à Béthéniville sur la Suippe (1).

Si, de là, elle continue à suivre la route la plus directe, qui est aussi la plus sûre et la plus facile, puisqu'elle traverse un pays peu accidenté et très-fertile, elle passera par Machault, pourra atteindre Vouziers le 24 et Montmédy le 26, au moment où les armées allemandes se dirigeaient encore sur Châlons, point vers lequel elles convergeaient, l'une partant de Vitry, l'autre de Clermont (2).

responsabilité, et en obéissant il a noblement rempli son devoir.

Général de l'empire, il sera fidèle à son souverain en gardant le commandement qui lui a été confié pour le défendre et général de la France il ira jusqu'à compromettre sa belle réputation militaire et jusqu'à tenter l'impossible en gardant un poste qu'il ne pourrait déserter sans compromettre la défense nationale.

(1) Béthéniville est à 25 kilomètres de Reims et à égale distance de Sedan et de Montmédy.

(2) Après la bataille de Gravelotte l'armée du prince royal de Prusse marchant sur Paris était arrivée à la hauteur de Vitry-le-Français et celle du prince royal de Saxe s'avançait dans la direction de Clermont en Argonne.

Ayant appris que le maréchal Mac-Mahon avait quitté Reims pour prendre la direction de Metz, les deux princes, au lieu de faire leur jonction en vue d'attaquer le camp, s'étaient avancés, le prince de Prusse entre la

On peut encore, si on veut éviter la rencontre du prince de Saxe, marcher dans la direction de Sedan et arriver au Chesne dès le 24 ou le 25 (1).

Dans l'un comme dans l'autre cas, on conservait une avance de trois jours de marche sur les armées allemandes.

Au lieu de s'engager dans cette voie, l'armée fait un brusque mouvement sur la gauche et gagne Rethel où est établi le quartier général.

Cette déviation, cause d'un retard si funeste, n'impliquait point l'abandon de la Lorraine et cependant devait être motivée par de bien puissantes considérations.

Il n'est pas possible de croire qu'en quittant Reims l'armée ait eu besoin, dès la première étape, de se rapprocher du chemin de fer pour se ravitailler ; mais il est permis de supposer qu'avant de s'engager plus avant et sans esprit de retour, l'empereur voulait se tenir en constante communication avec le gouvernement de la régence, ce qu'il pouvait faire en retardant, sans l'abandonner, sa marche vers Metz.

Marne et l'Aisne dans la direction de Rethel, le prince de Saxe entre l'Aisne et la Meuse dans la direction de Sedan.

Les chefs prussiens n'ont donc pas fait preuve de perspicacité lorsqu'ils disent dans leur rapport : « Que le maréchal ne voulait pas se replier sur Paris et que s'il avait été bien décidé à le faire il n'eût pas bénévolement abandonné la ligne de retraite la plus directe et la plus courte. » Car dès le 23 août l'armée française avait quitté Reims d'où elle devait se diriger sur Paris, et c'est seulement dans la nuit du 25 au 26, lorsque sa marche vers Metz n'était plus douteuse pour les moins clairvoyants, que des ordres ont été donnés pour suspendre le mouvement des armées allemandes sur Châlons.

N'est-il pas bien insupportable aussi d'entendre tant vanter ce fameux mouvement tournant, lequel consiste de leur part (la supériorité numérique formant la principale base de leur stratégie) à faire marcher deux et même trois armées contre une seule !

(1) Le prince de Prusse qui doit marcher en contournant l'armée française n'arrivera dans les environs de Béthéniville que le 27, mais à cette date le prince de Saxe s'approchera déjà de Stenay et dès le 29 attaquera à Nouart l'avant-garde du 5e corps français.

C'est de Rethel qu'il fit partir le prince impérial, dont la présence lui causait de mortelles inquiétudes, pour Mézières, place de sûreté en bon état de défense, et à deux pas de la frontière, après quoi l'armée reprit la direction de Montmédy.

On suit alors le cours de la rivière d'Aisne, on campe à Attigny (1) et à Semuy ; on s'éloigne ensuite de la route directe pour porter le quartier général à Tourteron, puis on revient dans la direction de Montmédy pour l'établir au Chesne-le-Populeux, où on arrive le 27.

Durant cette marche lente et tortueuse, les armées allemandes ont gagné par la vitesse l'avance que nos troupes avaient sur elles et le prince de Saxe, qui a déjà gagné Attigny, ne tardera pas à inquiéter notre avant-garde.

Averti par ses éclaireurs, le maréchal prend de nouvelles dispositions et veut rétrograder vers Mézières ; mais il était dit qu'en appelant des ordres contraires, l'empereur lui enlèverait tous les moyens de faire retraite sur Paris.

Dans la nuit même nouvelle injonction de continuer à marcher vers Metz, et au lieu de remonter vers le Nord, l'armée prend la route de Stonne et son avant-garde celle de Beaumont-en-Argonne.

On atteint Stonne le 28 et on établit le grand quartier général à Raucourt, *à l'extrême gauche* du campement des

---

(1) A Rilly-aux-Oies, le maréchal Mac-Mahon chercha à se mettre en communication avec le maréchal Bazaine : un homme résolu envoyé en reconnaissance du côté de Metz, constata sur toute la ligne et à une faible distance d'Attigny, la présence des Saxons, et ne put remplir sa mission périlleuse ; le 27, à onze heures du matin, le prince de Saxe était à Attigny, quatre heures après le départ de nos troupes.

troupes échelonnées sur les versants des collines qui de là s'élèvent jusqu'à Beaumont (1).

Il faut l'avoir vue défiler sous ses yeux pour avoir une idée du désordre dans lequel s'avance, comme à regret, cette armée qu'inquiète déjà l'approche de l'ennemi.

Il faut l'avoir vue traversant les plaines humides par des chemins défoncés, faisant marches et contre-marches inutiles, changeant de place et de campement au gré de chefs qui ne connaissaient pas la contrée et n'étaient pas même pourvus de cartes pour se diriger (2) ; manquant de vivres à chaque instant (3), abattue par la fatigue, embarrassée dans sa marche par un lourd matériel et les bagages d'un nombreux état-major et découragée par l'indifférence et

(1) Raucourt ne paraît avoir été choisi pour quartier général qu'en raison de la plus grande sûreté de l'empereur qui y était attendu et se proposait d'y séjourner, et non pour la facilité du commandement, les ordres partant de ce point extrême ne pouvant être assez promptement transmis.

(2) L'état-major ne possédait pas une seule carte routière de la Meuse : c'est à Sedan qu'on est venu de Raucourt chercher la carte vicinale du canton.

L'administration de la guerre avait amassé à Montmédy des vivres et des munitions en abondance, et le comte de Palikao ministre de la guerre justifie cette marche difficile et dangereuse vers Metz la seule qu'avait voulu adopter un gouvernement qui ne voyait de salut pour le pays que dans le maintien de la dynastie en disant :

« Si Mac-Mahon avait marché plus rapidement il aurait pu arriver dans « la direction de Thionville et faire sa jonction avec Bazaine avant que le « *prince de Prusse* eût pu le prévenir dans ses desseins. »

Cela est vrai et mathématiquement prouvé. Le simple récit des faits qui précèdent suffit pour désigner les coupables qui ont fait perdre à l'armée des avantages si précieux.

Prouver aussi, comme l'a fait le savant auteur de la guerre de 1870, qu'on a *obligé* le maréchal à se fourvoyer stratégiquement, c'est démontrer jusqu'à l'évidence que dans toutes les résolutions prises par le gouvernement de la Régence, *d'accord* avec l'empereur, la défense nationale a été sacrifiée à la sûreté du chef de l'État et au salut de sa dynastie.

(3) Il y avait des vivres en abondance ; mais l'intendance ne parvenait pas à les mettre à la portée des troupes, l'armée prenant inopinément une direction nouvelle, et les chefs de campement changeant à chaque instant les lieux primitivement désignés pour les étapes.

quelquefois l'abandon de ses chefs supérieurs qu'elle ne connaissait pas tous et dont quelques-uns continuaient dans les camps la vie molle et sensuelle de la cour impériale, sans s'inquiéter des fatigues et des privations qu'enduraient leurs soldats (1).

(1) Plusieurs sont à l'abri de ce blâme, et pour ne parler que d'un seul, en rendant honneur à sa mémoire, n'avons-nous pas vu le général Marguerite refuser le gîte et le lit confortables qu'on lui offrait, et passer la nuit couché sous la toile d'une pauvre voiture en disant qu'il ne voulait pas se séparer de ses soldats.

Le champ de bataille à vol d'oiseau (1).

Les hauteurs de la Marphée, au moment où les eaux de la Meuse débordent dans la prairie et protègent l'enceinte fortifiée de la ville, offrent pour Sedan un point de vue qu'on pourrait, s'il n'était infiniment moins grandiose, comparer à celui dont on jouit au sommet du mont Salève dominant Genève et son beau lac.

Cette humble Marphée, qui tient si peu de place dans la nature, avait déjà son nom marqué dans l'histoire par un fait d'armes plus brillant que mémorable : c'est dans ce lieu que Frédéric Maurice, à la tête de la milice seda-naise, a remporté sur l'armée royale cette victoire stérile que couvre d'un voile funèbre la mort tragique de Louis de Bourbon, comte de Soissons, ligué avec le prince de Sedan contre le cardinal de Richelieu.

---

(1) Ici la plume de l'écrivain n'a pas à faire œuvre d'art, mais doit se laisser diriger par le devoir qui lui commande un véritable travail de to-pographie.

Une description exacte et réfléchie peut seule en effet faire bien connaî-tre les dispositions stratégiques qui ont été prises et aussi celles qu'il aurait fallu prendre pour ménager une retraite à l'armée française en cas d'insuccès.

Depuis longtemps ces glorieux souvenirs s'étaient évanouis et on n'allait plus sur ce champ de bataille pour y ramasser de faibles débris d'armures ou des pièces de monnaie à l'effigie du prince ; mais piétons et chasseurs de la contrée faisaient souvent une courte halte sur ces hauteurs pour admirer de là le vaste panorama qui se déroule sous les yeux.

Toujours aussi les habitants de la ville et de la plaine se sont plus à prédire les variations du temps à la faveur du brouillard lorsqu'il s'élève au-dessus ou s'abaisse au-dessous du front ombragé de la montagne.

Aujourd'hui que l'orage du 1er septembre est venu fondre sur eux, ils ne jettent plus de ce côté que des regards tristes et terrifiés.

Plaçons-nous donc ici sur l'éminence la plus rapprochée de la ville, au point culminant du chemin des Romains (1), et sur l'emplacement même des batteries prussiennes qui ont bombardé la ville et pouvaient en quelques heures la foudroyer et la réduire en cendres.

Dans cette position formidable, l'ennemi domine le champ de bataille tout entier, la ville est à ses pieds et son enceinte paraît si rapprochée qu'avec sa fronde l'enfant peut croire qu'il parviendra à lancer la pierre jusqu'au centre.

---

(1) *Via regia*. — Pour faciliter la communication entre ses deux résidences d'Attigny et de Douzy, l'empereur Charlemagne avait fait construire une chaussée, dont il reste encore quelques vestiges près de Frénois et qui s'appela *Via regia* pour la distinguer de la chaussée militaire *Via militaris* des Romains, laquelle allait directement de Reims à Trèves. Le chemin des Romains dont il est question doit sans doute son nom aux vestiges de cette voie royale confondue avec la voie romaine. Il commence entre la gare et le petit Torcy et monte jusqu'aux petits arbres au-dessus de Frénois.

De là partaient ces bombes incendiaires qui en quelques instants ont mis le Dijonval en feu (1) et ces terribles projectiles qui allaient en sifflant sur nos têtes décimer nos bataillons se réfugiant sous les murs de la cidatelle, comme si du haut d'un rempart on tirait sur des assiégeants tentant l'assaut.

Le tableau qui se déroule à vos yeux est celui de la bataille elle-même et vous pouvez d'ici contempler d'un seul regard, en passant mentalement d'une rive à l'autre de la Meuse, la ville, son vieux château, sa forteresse, sa double enceinte de remparts et les principaux points stratégiques qui ont subi les plus grands ravages et les plus sanglantes atteintes du combat.

Nous sommes sur la rive gauche (2).

En faisant face à la Meuse, nous laissons derrière nous les sommets boisés de La Marphée, le village de Frénois caché dans un pli de terrain, et au-delà la Croix Piot (3) s'élevant à pic au-dessus de Donchery et dominant au loin les deux rives de la Meuse qui, à Sedan, s'arrondit en coude pour couler vers Mézières.

A droite :

Le monticule du Liry (4) que nous cache l'éminence au bas de laquelle s'élève la petite église de Wadelincourt,

(1) Voir la notice sur le Dijonval.

(2) Cette rive était tout entière occupée par l'ennemi.

(3) Sur ce pic élevé, surmonté d'une maison de campagne d'où le regard plonge jusque sur le pont de Meuse et la place Turenne, se tenaient, durant le combat, le prince royal de Prusse et le comte de Moltke, donnant les signaux qui, au moyen de projectiles à fusées, déterminaient les mouvements des armées allemandes.

(4) C'est de ce monticule que les batteries bavaroises tiraient sur Bazeilles.

et d'où les batteries bavaroises n'ont cessé de tonner durant les deux derniers jours du combat.

Au bas du Liry et en face de Bazeilles est le pont du chemin de fer traversant la Meuse et au-dessous des Crêtes qui d'ici s'avancent et s'abaissent jusqu'au Pont-Maugis (1), passent sur trois lignes parallèles et juxtaposées la Meuse, la voie ferrée et le chemin qui conduit de Sedan à Raucourt par Remilly.

A gauche :

Le château de Bellevue, à double façade, l'une au nord, regardant Sedan, l'autre au midi, regardant Donchery (2) et placé à égale distance des deux villes comme sur un promontoire qui s'avance vers l'ouest jusqu'au pont du chemin de fer sur la Meuse.

Là se sont accomplis les déplorables actes de la capitulation de Napoléon III.

Et à nos pieds :

Le Grand-Torcy avec son enceinte entourée de fossés qui sont devenus de véritables canaux aux vertes rives, ses

(1) Voir la carte : Le Pont-Maugis, petit écart de la commune de Noyers, est devenu en peu d'années l'une des plus remarquables filatures de la contrée. C'est aujourd'hui un véritable centre d'industrie. Autour de l'usine s'est élevée, comme par enchantement, une véritable cité de maisons habitées par les ouvriers attachés à l'établissement, et son propriétaire qui est un habile industriel est aussi un homme de progrès, car il a eu soin de placer l'école à côté de l'atelier.

Après la guerre, on avait établi au Pont-Maugis une ambulance où se trouvaient plus de six cents malades appartenant aux armées allemandes, et atteints du typhus, et le Pont-Maugis a acquis une belle renommée de plus ; c'est là qu'est passé et que vient de mourir sans cesser de faire le bien, victime du plus noble dévouement, le docteur Davis, connu sous le nom respecté de Bon-Docteur noir quittant l'Amérique pour venir accomplir ici une grande œuvre d'humanité.

(2) Ce beau petit castel entouré de tourelles dans le style du moyen âge, n'est pas l'œuvre d'un architecte, mais plutôt de son propriétaire, homme de goût, qui a su allier au pittoresque des temps anciens tout ce qu'on trouve d'élégant et de confortable dans la construction moderne.

champs de manœuvre, son église moderne dont les pans gothiques et le clocher mérovingien tranchent sur le fond sombre du tableau, et son pont de trente arches par lequel de l'autre côté de la prairie en ce moment inondée la ville semble donner la main à son faubourg.

Passons maintenant sur la rive droite et fixons notre attention sur les points les plus saillants, car ils sont devenus les plus remarquables du champ de bataille.

En face et sur les bords opposés de la Meuse s'épand la ville.

Elle est tout entière dans une seule et longue rue resserrée entre le fleuve et la forteresse dont les remparts élevés la couvrent dans toute son étendue.

Au-dessus de cette longue et brune masse apparaissent les bois de la Garenne bornant l'horizon, les jardins de Cazal, de Pierremont, de Mon-Idée, s'avançant jusque sur les glacis de la place, et cette éminence qui domine le vieux château lui-même, et marque l'emplacement dénudé d'une ancienne redoute.

Aux extrémités des deux voies principales qui, à l'intérieur, viennent en forme de T se couper à angle droit au centre de la place Turenne, sont placées les trois principales portes de la ville.

La porte de Paris sur la rive gauche, donnant accès par la grande route de Paris, l'avenue de la Gare et les ponts de Meuse et de Torcy.

La porte de la Cassine, donnant accès par la petite route qui conduit à Mézières et passe par Floing sur la rive droite de la Meuse, qu'elle contourne jusqu'au-dessous de St-Menges et dont elle s'éloigne ensuite pour monter vers Vrignes-au-Bois (1).

Et la porte de Balan (2), donnant accès par la grande route qui conduit de Sedan à Montmédy ou à Mouzon en passant par Balan, Bazeilles et Douzy où elle se bifurque pour, la première branche, se continuer à côté du chemin de fer vers Carignan dans la vallée de la Chiers, et la seconde, vers Mouzon, Stenay et Verdun dans la vallée de la Meuse.

Une autre porte donne aussi accès par la grande route qui traverse le faubourg du fond de Givonne et, passant par Givonne, de Lachapelle conduit à Bouillon, petite ville dont le site pittoresque n'a rien à envier à Spa et qui, but des excursions les plus agréables, a été durant les hostilités le refuge hospitalier des familles sedanaises.

A gauche :

Le plateau de Floing, touchant à la porte de la Cassine et aux fortifications, d'où l'on plane sur la prairie de Glaires et sur la grande presqu'île que forme la Meuse autour du mont d'Iges (3).

En avant l'Algérie et plus loin le terme de Floing et les hauteurs de St-Menges, et, entre ces deux villages, le bois du Hattoy couronnant un cône élevé dominant les versants des collines au fond desquelles les petits ruisseaux d'Illy et de Fleigneux descendent vers la Meuse.

---

(1) C'est par cette route, offrant une facile retraite, que l'armée pouvait s'échapper.

(2) C'est par là, vers Carignan, abandonné la veille, et à travers les lignes ennemies occupant les deux rives de la Chiers et maîtresses du champ de bataille de Bazeilles, que le général de Wimpffen aurait proposé à l'Empereur de tenter une percée.

(3) C'est dans cette île qu'ont été parqués nos malheureux prisonniers mourant de faim.

Puis, vers le Nord, le regard se perd sur la surface de la grande forêt des Ardennes, sombre rideau dont la masse confuse borne ce vaste horizon.

A droite :

Les coteaux de Remilly qui nous cachent les vallées de la Meuse et de la Chiers, les plaines de Douzy et la prairie du Sartage comprise dans l'angle formé au confluent des deux rivières.

On distingue facilement aussi à l'œil nu la route qui commence au-dessus de Givonne, monte à la Chapelle et traverse la forêt qui s'étend de ce côté jusqu'aux frontières de la Belgique.

Plus près de nous c'est le bois Chevalier, ce sont les coteaux de Givonne, Villers-Cernay, Daigny et Lamoncelle et plus près encore les champs ensanglantés de Balan et les ruines fumantes de Bazeilles, attestant à la fois la bravoure de notre infanterie de marine disputant à nos vaillants chasseurs et soldats d'Afrique le prix de la valeur, les pertes cruelles de l'armée bavaroise et la froide et atroce vengeance de ses chefs.

Et maintènant que nous avons sous les yeux le spectacle si saisissant du champ de bataille au milieu duquel est assise une ville dominée de toutes parts, il n'est besoin d'appeler à notre aide ni l'art ni même la réflexion pour résoudre le problême que la réalité pose devant l'homme de guerre.

Pour défendre la ville assiégée ou pour livrer bataille en s'appuyant sur elle, il faut au prix des plus grands sacrifices s'emparer des hauteurs de la Marphée et pour garder une ligne de retraite en cas d'insuccès, on doit occuper

4

en force les plateaux de Floing, de Fleigneux et de Saint-Menges et garder la rive droite de la Meuse qui, rendue infranchissable pour l'ennemi, protégera le mouvement.

Ces positions offensives et défensives tout à la fois, faciles à prendre, plus faciles encore à conserver, sont les bases élémentaires de la seule théorie qu'un tacticien puisse admettre, parce qu'elle lui est imposée par la disposition naturelle des lieux, autorité bien supérieure à celle de l'art.

Aussi, dans l'âme de tout homme impartial qui à première vue reconnaîtra les dispositions qu'on pouvait prendre pour tirer l'armée française d'une position critique mais non désespérée, naîtra le soupçon de son abandon pervers par l'empereur qui l'a livrée comme otage avec sa personne dans l'espoir de rentrer à Paris, qui l'a repoussé de son sein, et d'imposer sa funeste dynastie à la France amoindrie par la défaite, châtiée par son vainqueur et pacifiée par la misère.

Gardons-nous cependant d'oublier dans notre émotion que les faits et les actes peuvent seuls faire luire la lumière de la vérité.

La déroute de Beaumont.

La gouvernement de la régence était sans doute informé jour par jour des mouvements de l'armée, car il venait de réitérer à son général en chef l'ordre de marcher sur Metz au moment où celui-ci prenait ses dispositions pour rétrograder.

Forcé de marcher en avant, il se montre alors bien inspiré et se décide à gagner la rive droite de la Chiers pour atteindre Montmédy en prenant par Carignan et en évitant ainsi Stenay, où les Saxons s'étaient déjà retranchés depuis plusieurs jours.

L'armée continue donc à marcher vers le nord-est : le 1er et le 12e corps (1) passent la Meuze à Mouzon et viennent camper sur les sommets et les plateaux élevés de la montagne qui sépare la vallée de la Meuse de la vallée de la Chiers, à Vaux, à Baybel, sur les versants d'Euilly,

(1) Commandaient : le 1er corps, le général Ducrot ; le 5e corps, le général de Failly ; le 7e corps, le général Douay ; le 12e corps, le général Lebrun. (Voir la composition de l'armée.)

Amblimont, Mairy, dans la plaine de Douzy et la prairie du Sartage, à l'angle formé par le confluent des deux rivières près de Remilly, positions on ne peut plus favorables pour attendre l'ennemi de pied ferme et livrer une bataille défensive.

Les 5ᵉ et 7ᵉ corps doivent prendre la même direction, le 5ᵉ en passant aussi la Meuse à Mouzon et le 7ᵉ en effectuant ce passage à Remilly. (*Voir la carte*).

Mais tandis que l'armée française mettait cinq jours pour faire une vingtaine de lieues et se fatiguait dans une marche désordonnée, le prince de Saxe atteignait Grandpré le 28, se dirigeait sur Buzancy et dès le 29 attaquait à Nouart l'avant-garde du général de Failly.

Ce général s'était replié sans vive résistance vers Beaumont et était venu camper sur les versants des collines et la lisière des bois au lieu de faire occuper par ses troupes les hauts lieux qui s'étendent de Sommauthe à Beaumont, les meilleures positions de toute la contrée.

C'est dans ce campement que le 30 l'avant-garde du 5ᵉ corps est surprise par les Saxons qui sortent des bois (1) et fondent sur les troupes au moment où elles se préparent à une inspection d'armes, les mettent en fuite et s'emparent de la plus grande partie d'un convoi.

Plusieurs fois, après une nuit consacrée au repos et qui n'a pas été troublée, on avertit le général de l'approche de l'ennemi.

Il ne veut pas croire à une surprise en plein jour, à une agression si vive et si soudaine de la part de l'ennemi.

(1) A Bois-les-Dames, entre Nouart et Beaumont.

Et cependant l'attaque de Nouart suffit pour lui donner l'éveil, et s'il n'a pas d'ordre pour prendre l'offensive lorsqu'on lui demande de le faire pour écraser l'artillerie ennemie qui s'est engagée dans un mauvais pas, il doit au moins se tenir sur le *qui vive* et sentir en quelque sorte les mouvements de l'ennemi qui le coudoie de si près.

La voix du canon arrive bientôt jusqu'à lui ; une vive action vient de s'engager à Létanne, puis autour de Beaumont, que le général quitte précipitamment pour se retirer sur Mouzon. (1)

Le gros de ses troupes, protégé par les batteries qui couronnent les hauteurs de la rive droite, y passe au gué de la Gravière au-dessous du Grand-Pont et au-dessus vers Bellefontaine, entraînant dans sa retraite la brigade envoyée à son secours et qui pour un instant avait repris l'offensive ; le reste prend la fuite dans toutes les directions.

L'artillerie saxonne, qui est venue par Yoncq se placer sur le Montbrun, semait le désordre dans nos rangs pendant ce second combat qui a duré depuis midi jusqu'au soir.

Dans cette surprise du matin et cette attaque au passage de la Meuse, l'ennemi avait enlevé au général français 25 canons et fait de nombreux prisonniers (2).

(1) Avant le combat il était permis à nos généraux de dédaigner les avis que dans leur frayeur nos fermiers et nos bons campagnards venaient leur donner sur le campement ou l'approche de l'ennemi : ces braves gens ne savent rien des choses de la guerre.

Il en sera de même après le combat du récit charmant mais naïf du bon curé de campagne, qui voit dans nos défaites la juste punition de nos fautes, sans nous dire comment Dieu punira les atrocités commises par nos ennemis et de celui fort peu correct mais vrai d'un petit avocat de province qui n'a jamais porté le mousquet et ose essayer de bégayer le langage de la tactique et de la stratégie militaires.

(2) On évalue à 5,000 le nombre des prisonniers qu'aurait faits l'ennemi

Après cet échec qui n'entamait qu'un corps d'armée, mais qui était subi sous les yeux de l'armée tout entière, le maréchal Mac-Mahon, averti que le 7me corps, talonné dès le matin par les Bavarois, avait été forcé de se masser sur les hauteurs de Remilly où il devait passer la Meuse, se voyant débordé sur sa droite et attaqué de près, ne pouvait plus accepter la bataille dans la position défensive qu'il avait prise (1).

Il ne lui restait plus qu'un moyen de sauver l'armée, c'était, en contournant Sedan, de gagner Mézières par la rive droite de la Meuse.

Pour cela faire il fallait qu'elle fût promptement concentrée autour de Sedan.

Il fait donc prévenir l'empereur, qui après avoir traversé Mouzon et s'être arrêté à Baybel (2) était descendu à Carignan, et il ramène sur Sedan les corps de Lebrun et de Ducrot échelonnés dans la vallée de la Chiers jusqu'à Blagny et Blanchampagne (3).

Dans la ville circulaient de vagues rumeurs qui faisaient

dans ces deux combats à l'un desquels on a donné le nom de bataille de Beaumont.

A Stenay où ils ont été conduits on en comptait à peine 1800.

On ne connaît point les pertes de l'ennemi, toujours si habile à les déguiser.

C'est à Beaumont que Sedan a eu le malheur de perdre un de ses enfants, officier distingué appartenant à une famille où la valeur guerrière est héréditaire.

(1) Dans la prévision d'une bataille défensive sur ce point, des officiers d'état-major étaient venus à Carignan pour reconnaître les positions à prendre sur la rive droite de la Chiers et avaient signalé Montilleul qui domine la ville et la vallée.

(2) Baybel est une exploitation rurale isolée d'où le regard plonge d'un côté sur Mouzon et la vallée de la Meuse, de l'autre sur Carignan et la vallée de la Chiers.

(3) La distance de Carignan où était le général Ducrot à Montmédy est de 20 kilom. environ.

croire qu'à Mouzon l'armée française avait repris l'offensive avec succès, lorsque vers le soir on vit les faubourgs et la Place Turenne se remplir de fuyards.

Ils arrivent sans bagages et sans armes, exténués de fatigue et de faim ; on les entoure et lorsqu'on s'aperçoit qu'il y a parmi eux des soldats de toutes armes on les interroge avec plus d'appréhension que de curiosité.

Les uns disent qu'ils ont été surpris au moment où ils préparaient leurs armes pour l'inspection et qu'ils ont dû fuir parce que la résistance n'était pas possible.

Les autres qu'ils ont été accablés par le nombre et autorisés par leurs officiers eux-mêmes à jeter bas armes et bagages.

Quelques-uns osaient dire qu'ils avaient été trahis et accusaient hautement le général de Failly, essayant de colorer leur fuite de mille prétextes.

On ne pouvait plus en douter, c'était une véritable déroute, et nous verrons que ces hommes, qui tombaient de fatigue et auxquels par commisération on donnait libre entrée et hospitalité généreuse, ne voudront plus, une fois à l'abri, quitter les remparts pour retourner au combat.

Dans cette même soirée le général Ducrot, qui s'était avancé jusque Blagny au delà de Carignan, se retire en bon ordre sur Sedan par la rive droite de la Chiers, et par une marche rapide échappe à l'ennemi qui couvrait déjà les versants de la rive gauche et pouvait facilement passer la rivière dont on n'avait pas eu le temps de couper tous les ponts.

Le 12e corps de l'armée du prince de Saxe passe la Meuse à la poursuite du 5e corps de l'armée française, et le 4e et sa garde viennent camper entre Mouzon et Remilly sur la rive gauche de la Meuse.

Le prince royal de Prusse arrivait aussi à marches forcées : déjà le 11e corps de son armée est à St-Aignan ; le 5e s'arrête à Chemery, les Wurtembergeois à Vendresse, où doit être établi le quartier général du roi Guillaume et les 1er et 2e s'approchent de Remilly et inquiètent le général Douay qui n'a pu encore y passer la Meuse.

N'oublions pas l'empereur que nous avons laissé à Carignan, où il n'était plus en sûreté.

En toute hâte il prend le chemin de fer de Mézières et s'arrête à la gare de Sedan (1).

Vers le milieu de la nuit il entre en ville par la porte de Paris, et au milieu d'une escorte muette de généraux et d'officiers il vient à pied, comme un voyageur dont on porte les bagages, frapper à la petite porte de l'hôtel de la sous-préfecture.

Dans la même nuit le général de Wimpffen arrive aussi à Sedan où il entre par la porte de Balan au moment où un régiment de cavalerie, le 5e lanciers, faisant partie du 5e corps dont il doit reprendre le commandement des mains du général de Failly, s'arrêtait dans l'obscurité sur la promenade du fond de Givonne sans savoir qu'il s'égarait, heureusement sous les murs mêmes de la place.

Ce sera sur ce point, sur les hauteurs voisines, entre le

___

(1) La distance du centre de la ville à la gare est de 2 kilomètres.

L'empereur pouvait encore gagner Mézières en toute sécurité : car le prince royal de Prusse s'était arrêté à St-Aignan et à Chemery. Le savait-il ? Son éloignement de l'armée n'était pas non plus sans danger pour lui : il restera donc au milieu de son armée et il suivra son sort ou plutôt il lui fera subir le sien.

« Tout dort, tout est tranquille, bons Sedanais, dormez. »

vieux château et la Garenne, comme dans l'enceinte de la ville, que viendront se rallier ou plutôt se rapprocher les restes de ce corps si désorganisé et si découragé qu'on ne pourra le déplacer le jour de la bataille.

La journée du 31 août.

—————◆—————

Le général Douay n'ayant pu faire effectuer à temps le
passage de la Meuse à ses troupes, était resté à Remilly
où le menaçaient de près la garde et le 4ᵉ corps du
prince de Saxe.

Avant le jour, une partie de son corps d'armée passe sur
la rive droite au moyen de deux ponts jetés au-dessous de
Remilly et lui, avec le reste, l'artillerie et les bagages,
s'engage pour gagner Sedan, sur le chemin qui y conduit
par le Pont-Maugis et Wadelincourt, entre la Meuse et les
escarpements de la rive gauche qui confinent à la Marphée.

Durant les premières heures du jour un épais brouillard
favorise cette marche qui est une véritable retraite, car on
entend le bruit de la fusillade et du canon dans la direction de Remilly.

Pendant que les Saxons s'emparaient du village et des
ponts, les Bavarois arrivant par les hauteurs forçaient le
7ᵐᵉ corps à abandonner ses positions et portaient leurs

batteries jusqu'au dessus du Pont-Maugis, au moment même où les Français passaient au-dessous d'eux en toute sécurité. Du haut des remparts, lorsque le brouillard commence à se dissiper, on voit des masses noires qui s'avancent sur le Liry, puis disparaissent comme les taches des ombres que portent les nuages chassés par le vent.

Puis peu à peu se forme un nuage blanc au dessus de Remilly, village qui s'annonce au loin par un rang de hauts peupliers : c'était la fumée de la poudre qui se mêlait à la fumée de l'incendie.

La population, déjà fort émue à la vue d'un engagement si rapproché de la ville, est saisie de crainte lorsque se répand le bruit de la nocturne arrivée de l'empereur.

Les abords de la sous-préfecture sont presque déserts ; on n'y voit ni garde d'honneur ni appareil militaire ; seul le maréchal Mac-Mahon assiste au petit lever.

Les faubourgs sont encombrés de bagages remplis de soldats de diverses armes, et la ville, traversée en tous sens par les équipages de l'armée et de la suite de l'empereur, ressemble plus à un camp improvisé que l'on choisit qu'à une place forte qu'on veut défendre.

Bientôt au bruit de la fusillade et du canon vient se joindre le roulement sinistre des mitrailleuses.

Les batteries bavaroises établies sur le Liry ont commencé leur feu dans la direction de Bazeilles.

Ce sont les nôtres, disait-on, qui de là foudroient les Prussiens au passage de la Meuse.

Ces escadrons qui sortent des bois de la Marphée, descendent à mi-côte, puis remontent en serpentant pour disparaître à nos yeux ; ce sont encore les nôtres.

A personne ne viendra l'idée que l'armée française ait abandonné à l'ennemi ces positions traditionnelles du Pont-Maugis et de la Marphée, sans lesquelles il ne peut rien tenter de la rive gauche ni contre elle ni contre la ville.

Cependant il n'y avait plus un seul Français sur cette rive et dans quelques heures cette consolante erreur ne sera plus possible. (1)

Après avoir délogé de Remilly le corps du général Douay, les Bavarois devenus plus hardis poussent leurs reconnaissances jusque dans Bazeilles dont ils s'approchent par la prairie et tentent en même temps de passer la Meuse sur le pont du chemin de fer qu'on a négligé de faire sauter. (2)

Sur ce point s'engage un vrai combat qui dure plus de deux heures.

Du haut du Liry, où ils ont établi plusieurs rangs de batteries, ils font un feu plus nourri et finissent par éloigner le 34e de ligne, qui veut s'opposer à leur passage.

Ils avancent ensuite en colonnes serrées sur la chaussée et le pont du chemin de fer, traversent la prairie et viennent jusqu'au bas du village.

C'est alors que nos batteries de mitrailleuses tirant du haut de la grande route et du terre-plein du grand château (3) les foudroient et culbutent leurs bataillons qui se succèdent sur la voie ferrée, tandis que l'infanterie de marine

---

(1) Plusieurs officiers français faisant partie du 7e corps qui était venu occuper le plateau de Floing partageaient avec la population cette erreur.

(2) Des ordres ont été donnés, cela est certain, et un convoyeur de Bazeilles avait transporté le matin plusieurs barils de poudre près du pont : mais ces ordres n'ont pas été ou n'ont pu être exécutés.

(3) Le château Legardeur.

retranchée dans les jardins et derrière les murs, les ac-
cueille de plus près par une fusillade non moins meurtrière.

Le feu du Liry se tourne de ce côté, les projectiles
pleuvent sur les maisons dans le bas du village et y mettent le feu, et l'incendie se propage dans ce quartier jusque vers 4 heures du soir, lorsque l'infanterie de marine
reste maîtresse du village où elle passe la nuit à porter
secours aux habitants, construire des barricades et se retrancher dans quelques maisons abandonnées. (1).

Là se bornent les faits d'armes de la journée du 31 (2).

Le bruit des mitrailleuses que nous entendions de si
près et pour la première fois, n'était pas la seule cause du
trouble et de l'agitation qui régnaient dans la ville en-
vahie.

Dès le matin on portait à la connaissance des troupes le
dernier appel que l'empereur faisait à son armée, cette
fameuse proclamation dans laquelle il menace les lâches
de la loi militaire et du mépris public (3).

Ce mot *lâches*, qui paraissait s'adresser aux fuyards de

(1) Des zouaves, des turcos et des soldats d'autres armes s'étaient
comme l'infanterie de marine établis dans Bazeilles à la suite de la déroute
de Beaumont et de l'escarmouche de Remilly.

(2) Il n'est pas hors de propos de citer ici un fait qui ce jour-là accu-
sait dès 8 heures du matin la présence de l'armée du prince royal de
Prusse dans les environs de Frénois. Du haut de l'escarpement qui à la
base de la Croix-Piot borde la route de Doncery, une batterie tirait sans
les atteindre sur les trains qui de Mézières amenaient des troupes à Sedan. Les soldats avaient riposté par quelques coups de fusil durant le
trajet à travers la plaine, un train de zouaves avait passé outre; les derniers n'ont pu passer.

(3) Le commentaire de cette proclamation dans laquelle le *soldat* déclare être prêt à tout sacrifier pour sauver la patrie que le *souverain* a
mise en péril extrème est écrit tout entier en caractères ineffaçables dans
la journée de demain 1er septembre.

Beaumont, souleva l'indignation de ceux (et c'était le plus grand nombre) qui n'étaient point coupables, et malgré l'artifice du langage, l'armée presque tout entière fut découragée, lorsqu'elle reconnut que pour sauver l'empereur qu'elle avait malheureusement vu de trop près, il fallait tenter des efforts désespérés.

La bataille, qu'on aurait pu livrer, sans la surprise de Beaumont, dans les fortes positions qu'elle occupait la veille aux approches de Montmédy, ne pouvait plus être évitée, et il n'y avait plus de temps à perdre pour se préparer à combattre ou opérer une retraite à la face d'innombrables et redoutables ennemis.

Le maréchal Mac-Mahon n'était pas homme à reculer devant le danger, mais regardant comme fort douteux le succès de la bataille défensive qu'il va être forcé de livrer, il s'occupe prudemment des moyens de faire retraite sur Mézières.

Une voie lui reste ouverte, c'est la petite route de la rive droite qui contourne la Meuse et passe par Vrignes-aux-Bois, et afin de se couvrir du fleuve, il donne des ordres pour faire sauter les ponts de Donchery et celui du chemin de fer qui traverse la Meuse entre Villette et Bellevue.

Est-ce par suite d'empêchements matériels, d'incurie coupable ou encore d'ordres contraires que ces dispositions n'ont pas été prises? On peut tout supposer lorsqu'à chaque pas que fait l'armée, nous voyons les funestes effets que produit sur les résolutions la dualité du commandement (1).

(1) Vers neuf heures du soir un lieutenant du génie entrait au poste de

Plusieurs fois dans le jour on avait signalé au maréchal le danger qu'il y avait à abandonner la Marphée à l'ennemi : sans en connaître le nom il apprécie bien l'importance de ces positions, mais il craint sans doute de s'aventurer sur la rive gauche et d'appeler sur ce point les efforts de l'ennemi, et, s'il peut disposer de sa cavalerie qui s'en emparera facilement, il lui manquera toujours force suffisante pour s'y maintenir. (1)

Il masse son armée toute entière sur la rive droite et croit que l'attaque viendra du côté de Bazeilles, car lorsqu'on vient lui dire dans la nuit que les Bavarois passent en bon ordre sur la chaussée et le pont du chemin de fer de Bazeilles, il paraît satisfait et ne donne plus l'ordre de s'y opposer.

Le tir des batteries du Liry lui avait fait connaître encore une fois la portée supérieure du canon de l'ennemi et il prévoyait que pouvant en venir aux prises avec lui sur les bas côtés de la rive droite, nos soldats ne seraient plus exposés à être accablés de loin par la mitraille. (2)

De leur côté les chefs des armées allemandes (3) faisaient

la porte de Paris, fort triste de n'avoir pu remplir sa mission, laquelle consistait à faire sauter les ponts de Donchery ; il les avait trouvés gardés par l'ennemi et il revenait sur ses pas. Un peu plus tard il rentrait au poste en disant qu'il avait reçu l'ordre formel de remplir sa mission, et cette fois au lieu de suivre la grande route il s'engage avec sa troupe sur la voie du chemin de fer d'après les indications qui lui sont données. Quelques instants après son départ une détonation se fait entendre ; il arrivait trop tard : l'ennemi avait fait sauter le pont du chemin de fer.

(1) De grand matin les premières troupes du prince royal de Prusse gagnaient Frénois et la Croix-Piot.

Elles avaient été précédées par des hulans qui à la faveur du brouillard s'étaient avancés jusqu'à Belle-Vue.

(2) On verra en effet que les batteries du Liry n'ont plus tiré sur Bazeilles durant la bataille.

(3) Il avait été décidé en conseil qu'on attaquerait l'armée française le 1er septembre.

des dispositions que la supériorité numérique rend bien faciles, en divisant leurs forces en deux masses principales pour tourner les deux ailes de l'armée française et en se réunissant sur les hauteurs qui séparent Sedan de la frontière belge, l'envelopper entièrement.

A cet effet leurs 5ᵐᵉ et 11ᵐᵉ corps avaient quitté Saint-Aignan et Chémery pour venir occuper Dom-le-Menil et Donchery, quartier général du Prince royal de Prusse.

Là ils rencontrent encore la Meuse, qui à sa sortie de Sedan et après un long circuit fait un coude pour couler dans la vallée de Mézières, et ils établissent deux ponts, l'un à la hauteur de Dom-le-Menil, l'autre en aval de Donchery dont le vieux pont qu'ils consolident leur paraît insuffisant.

Un corps d'observation composé de cavalerie et d'infanterie vient camper dans la vaste plaine de Donchery ; les Wurtembergeois occupent Boutancourt (1) et Flize et un 6ᵐᵉ corps reste en réserve entre Attigny et le Chesne.

Puis à la fin du jour l'armée du Prince de Saxe se concentre au-delà de Bazeilles sur la rive droite de la Chiers (2).

Dans son état d'infériorité numérique et dans l'espace restreint où elle était confinée, l'armée française, elle, ne

---

(1) Boutancourt et Flize sont situés sur la route de Paris, rive gauche de la Meuse, à moitié chemin de Sedan à Mézières.

(2) Voici comment l'armée du prince de Saxe pourra se déployer parallèlement au front des Français le long de la Givonne: son 12ᵉ corps en face de Daigny, son 4ᵉ corps et la garde à la droite et à la gauche du 12ᵉ. Et le prince royal de Prusse resté maître de toute la rive gauche, pourra mettre en ligne à la gauche du 4ᵉ corps prussien son 1ᵉʳ corps qu'il a fait passer à Remilly sur la rive droite de la Meuse, déployer son 2ᵉ corps, placer son artillerie en batteries sur les hauteurs de la rive gauche jusqu'en face de la ville et lancer à temps ses 11ᵉ et 5ᵉ corps qui viendront par Vrignes-aux-Bois et Montimont opérer leur jonction sur Illy.

pouvait obéir aux principes d'une tactique rigoureuse dans l'arrangement de son ordre de bataille.

Chefs et soldats étaient bien fatigués, bien découragés, mais l'attaque était imminente et il fallait promptement aviser.

Placée toute entière sur la rive droite, elle décrivait autour de la forteresse une courbe à deux branches, (voyez la carte) à une distance moyenne de 4 kilomètres de la place.

La première branche est tracée par le cours même de la Givonne partant de Bazeilles où cette petite rivière se jette dans la Meuse pour remonter par Lamoncelle, Daigny et Givonne jusqu'à Holly dans l'étroite et profonde vallée au-delà d'Illy.

La seconde est marquée non sur le cours d'un ruisseau mais par des points très-saillants qui sont les villages d'Illy, Fleigneux et Saint-Menges (1).

En sorte que cette courbe, partant de Bazeilles à l'embouchure de la Givonne avec la Meuse, vient tomber dans le fleuve, au-dessous de Saint-Menges, au point où la petite route de Sedan à Mézières contourne la presqu'île d'Iges du côté du Nord (2).

Ce massif, sillonné par de profonds ravins, englobe avec leurs territoires tout entiers, Balan, le fond de Givonne et le village de Floing, avec partie de ceux de Lamoncelle,

_____

(1) Les deux petits ruisseaux qui coulent de ce côté ne peuvent en effet servir de limite : tous deux apportent leur léger filet d'eau à la Meuse ; l'un prend sa source au-dessus et l'autre au-dessous de Fleigneux : le premier traverse St-Menges et l'autre Floing.

(2) Au Sugnon.

Daigny, Givonne, Fleigneux et Saint-Menges, le bois de la Garenne et les côteaux de l'Algérie.

Les différents corps vont s'y trouver placés dans les positions suivantes :

Au centre :

Le 1ᵉʳ corps, sur les côteaux de Daigny et Givonne (1).

A l'aile droite :

Le 12ᵉ corps, à Lamoncelle, hier au-delà, ce soir en deçà et dans Bazeilles, couvrant la gare, la chaussée et le pont du chemin de fer qui traversent obliquement la Meuse et la prairie (2).

A l'aile gauche :

Le 7ᵉ corps, sur le plateau et les hauteurs de Floing, de l'Algérie et de la Garenne, jusqu'au calvaire d'Illy (3).

Son artillerie, couronnant le plateau de Floing, le *Terme* et les *Hautes* qui s'étendent de l'Algérie jusqu'au bois de la Garenne, vers Illy.

Une batterie sur le Hattoy.

Une autre plus complète, composée de canons et de mitrailleuses, dans le haut du village de Saint-Menges.

Le gros de la cavalerie est échelonné derrière le 7ᵉ corps.

Quant au 5ᵉ corps (4), qui, en grande partie, s'est réfu-

---

(1) Ce corps était formé en majeure partie des régiments d'Afrique qui avaient résisté si héroïquement à Freischwiller, mais déjà abattus par de longues et pénibles marches dans leur retraite sur Châlons. (Général Ducrot).

(2) Composé de régiments neufs, de quatrièmes bataillons et de quatre régiments d'infanterie de marine. Ce corps avait été organisé sous l'habile direction du général Trochu. (Général Lebrun).

(3) Formé de régiments récemment réorganisés amenés de Belfort à Châlons en passant par Paris. (Général Douay).

(4) Formé de régiments qui à marches forcées avaient traversé les Vosges après avoir perdu matériel et bagages sans combattre. (Général de Failly.)

gié dans la ville et sous les remparts à la suite du combat de Beaumont, il reste placé derrière le centre, couvre les hauteurs qui dominent, au sud-est, le fond de Givonne et s'étend sur l'*emplacement* de l'ancienne redoute, entre le vieux château et la Garenne (1).

Un stratégiste a signalé ce fait, c'est qu'aucune réserve n'assurait la marche des convois et des bagages par la ligne de retraite.

L'armée toute entière n'aurait pu suffire pour escorter son matériel et le défendre contre les forces aguerries et imposantes avec lesquelles elle osera se mesurer encore pendant un jour.

A la nuit, le bruit des tambours et des clairons, les feux des bivouacs de l'armée française accusent les positions qu'elle a prises.

La rive gauche, au contraire, reste morne et silencieuse. Un seul point lumineux scintille à la hauteur des étoiles, sur la Croix-Piot, un seul point brillant autour duquel s'amassait un bien noir et bien terrible orage.

---

(1) C'est par erreur que dans divers récits de la bataille on place l'armée comme faisant face à la Meuse et ayant son aile gauche à Bazeilles où elle ne s'appuyait que de côté sur le fleuve et son aile droite à Floing et St-Menges au nord.

L'armée au contraire avait son aile droite à Bazeilles, laquelle avec le centre faisait face au sud-ouest et son aile gauche sur Floing faisant face au nord.

Ceci est élémentaire et la rectification n'est faite que pour éviter toute confusion.

Le 1ᵉʳ Septembre.

———◈———

Une nuit de quelques heures mais bien longue d'émotions et d'angoisses a passé sur la ville en éveil, et dès l'aube une fusillade ponctuée par des coups de canon annonce qu'une bataille décisive va se livrer sous nos yeux.

Le premier engagement commence dans Bazeilles même, dont l'incendie de la veille semble éteint, car c'est la fumée de la poudre qui aujourd'hui blanchit le ciel où va se lever le soleil resplendissant qui de ses derniers rayons doit éclairer le plus grand désastre de notre histoire militaire, le honteux Waterloo du second empire.

Cette fois la petite armée française, bien réduite et bien affaiblie mais redoutable encore par sa valeur, se tient prête et brûle d'en venir aux mains avec cet ennemi inabordable qui la foudroie de loin et ne s'approche d'elle que lorsqu'il peut la surprendre.

Hier c'est le corps du général Lebrun qui par un feu meurtrier a fait reculer les Bavarois ; c'est encore lui qui brave leur nouvelle attaque, prélude de plus sanglants combats.

Bientôt en effet ils s'avancent audacieusement jusqu'au centre du village et reculent épouvantés lorsqu'ils voient tomber leurs chefs sous les coups de feu qui partent des maisons, puis la vengeance les ramenant au combat ils attaquent la position avec fureur.

Mais leurs fortes colonnes ne peuvent se déployer dans un espace si restreint et ils reculent encore en abandonnant leurs morts dont la grande voie est couverte.

Dès la première heure l'attaque de l'ennemi commence aussi sur Lamoncelle et s'étend vive et continue contre les postes de Daigny et de Givonne.

Placé sur les hauteurs vers lesquelles les batteries bavaroises de la rive gauche dirigent leur feu, Mac-Mahon enflamme par sa présence le courage de ses soldats : on voit qu'il sent renaître en lui cette confiance qui est l'heureux présage du succès, lorsqu'il est frappé d'un éclat d'obus.

Encore une fois la victoire que le nombre dispute à la bravoure française, va nous échapper.

Cependant, s'il ne nous reste plus qu'un faible espoir de vaincre, l'armée peut encore faire glorieusement sa retraite.

A côté du chef intrépide qui tombe, reste debout et résolu le général Ducrot, qui soutient l'élan des troupes, repousse avec une rare énergie les attaques que l'ennemi, pour déguiser son mouvement tournant, dirige à l'est sur toute la ligne.

Il veut sauver l'armée et donne des ordres pour la retraite.

Malheureusement l'Empereur s'approche en ce moment

du champ de bataille, non *en soldat*, mais *en souverain*, et le commandement en chef est remis aux mains du général de Wimpfenn, qui, pour obéir à des ordres supérieurs, ramène les troupes dans leurs premières positions, et, plein d'espoir à la vue de leur inébranlable résistance, ne veut livrer qu'une bataille défensive.

Ce seul moment d'hésitation ramène les Bavarois sur Bazeilles, dont ils ont juré la ruine, et qui est resté une dernière fois en notre pouvoir.

La mêlée y devient terrible et sanglante : retranchés dans les maisons, nos soldats font pleuvoir sur eux une grêle de balles, et les abordent à l'arme blanche; les mitrailleuses achèvent le carnage, et la terre est couverte de noirs monceaux de cadavres.

Bazeilles est pris et repris plusieurs fois : le nombre l'emporte à la fin et il tombe au pouvoir de ceux qui l'ont inondé de leur sang.

Alors commencent les représailles barbares; des habitants inoffensifs, femmes et vieillards qui veulent fuir ou se cachent, sont saisis et garottés : les uns sont massacrés, les autres en plus grand nombre sont fusillés sur l'heure : ceux qui restent accablés de coups et d'outrages attendront couchés sur la terre nue qu'un conseil de guerre prononce sur leur sort. En quelques instants les premières flammes qu'allument cette fois les torches et les balles incendiaires font de ce beau village un immense brasier.

De tous côtés débordent de nouvelles et épaisses colonnes de Bavarois et nos soldats d'Afrique accablés et notre infanterie de marine décimée sont forcés de se replier sur Balan.

Sur ce nouveau terrain, la lutte durera encore plusieurs heures vive et acharnée, et tandis qu'au centre les Saxons enlèvent successivement nos postes de Givonne et de Daigny, l'artillerie sur les hauteurs de Lamoncelle et les mitrailleuses portées près du cimetière de Balan font d'énormes trouées dans les masses bavaroises qui couvrent les versants de la colline du haut de laquelle Mac-Mahon a donné ses derniers ordres. Le malheureux village de Balan devient ainsi le nouveau point de mire des batteries ennemies qui, du haut de Wadelincourt, l'accablent de projectiles et y allument l'incendie (1).

L'ennemi n'avait pas abordé *notre aile gauche* au commencement de l'action, mais dès le matin, une seconde masse de corps prussiens avait entouré la batterie de Saint-Menges, qui, n'étant pas soutenue, avait été abandonnée sans résistance, s'était emparée du village malgré le feu de la faible batterie du Hattoy, et menaçait Illy en forçant notre artillerie et nos postes avancés de se réfugier dans les bois.

Elle s'arrêta cependant comme frappée d'une terreur panique, mais ne fut que retardée dans sa marche quand, de Fleigneux, descendant vers Floing par les collines, elle voulut s'emparer du Hattoy sous le feu de nos batteries qui l'accablaient du haut du Terme et de l'Algérie.

Bien avant que la lutte ne fût engagée sur tous les points, la ville n'était pas restée simple spectatrice du combat.

(1) Dans ce grand combat de Bazeilles nos soldats, l'infanterie de marine en tête, combattaient avec furie sous leurs chefs particuliers qui à défaut d'ordres régulièrement transmis et ne prenant conseil que de leur courage, remplaçaient la discipline par l'héroïsme.

Enhardis par le mutisme de la forteresse et l'abandon de la rive gauche, les Bavarois descendaient de la Marphée et s'établissaient jusque dans les maisons voisines de la gare.

La place fait feu pour les en déloger.

Ce sont les formidables batteries que l'ennemi a établies sur la montagne à la faveur de la nuit qui répondent (1).

Les obus qui partent de là et ceux qui partent du château se croisent et sifflent sur nos têtes.

Le Dijonval est en feu et la terreur est dans la ville, que traversent des trains accumulés et des caissons remplis de poudre.

Le feu des batteries ne se ralentit pendant de courts instants et ne cesse tout-à-fait que pour recommencer plus terrible.

Les projectiles tombent sur les places et les maisons du centre avec un fracas épouvantable, balaient les rues et frappent jusqu'aux blessés dans les ambulances.

Lancés de haut et vomis par la bouche infernale des canons de la Marphée, ils atteignent nos soldats jusque sur le plateau de Floing, d'où répondent vainement nos faibles mitrailleuses, et sur les glacis opposés du château où ils sont pris comme entre deux feux.

Au dehors, le dénoûment de ce drame terrible et sanglant se précipite; c'est en vain qu'une dernière et vigou-

---

(1) Ces batteries établies sur la Marphée au point culminant du chemin des Romains et au-dessus de Wadelincourt, sont les seules qui aient bombardé la ville et ce serait une erreur de croire comme divers tracés fantaisistes le font supposer : « que les soldats pressés contre les murs » (les murs de la forteresse les en garantissaient au contraire, « étaient dé- « cimés par l'artillerie ennemie et que la *place était bombardée de tous* « *côtés*. »

reuse attaque est dirigée vers l'Est : elle est repoussée par les Bavarois et les Saxons qui, cette fois, forcent les nôtres à se réfugier jusque sous les remparts.

C'est en vain que l'aile gauche conserve intrépidement ses positions du Terme et de l'Algérie, d'où nos canons et nos mitrailleuses, bien à portée, commencent à faire ravage dans les rangs prussiens.

A la vue du drapeau blanc qui flotte sur les remparts, le général Douay est forcé de commander la retraite.

Plus d'une heure encore, ses soldats, furieux, refusent d'obéir et continuent une lutte désespérée.

Voyez ces brillants escadrons qui traversent Floing, bride abattue, et s'élancent vers les côteaux que couronnent les batteries formidables et couvrent les noirs bataillons des Prussiens.

C'est l'intrépide brigade de cavalerie qui, entraînée par ses chefs, (1) vient noblement sauver l'honneur de l'arme qui n'a pu combattre.

Elle tombe foudroyée sous le feu de l'ennemi dont les 5ᵉ et 11ᵉ corps s'avancent irrésistibles et poussent notre aile gauche dans les ravins qui, de ce côté, aboutissent aux fossés du château.

Attaqué, à l'Est, par la garde et, à l'Ouest, par le 5ᵉ corps bavarois, Illy avait été enlevé et le cercle s'était formé autour de la ville et de l'armée française qui se jette dans les fossés de la place, se presse au milieu des remparts, où fantassins et cavaliers sont confondus, et force les portes de la ville où elle répand l'effroi.

---

(1) Le colonel Galliffet en tête; le général Marguerite avait été mortellement blessé.

C'était la fin de la bataille, l'une des plus sanglantes de notre époque, et qui eût été plus meurtrière encore si la vue du drapeau blanc n'avait enflammé l'ardeur de l'ennemi et découragé ceux de nos soldats qui, ne fussent-ils qu'un contre dix, persistaient à combattre.

Le terme de tant d'efforts héroïques sera donc, pour tous, d'être enfermés, à la merci des vainqueurs, dans la ville qui devait être un refuge et qui devient une étroite prison.

Une immense clameur s'élève au sein des armées allemandes qui enserrent la forteresse de toutes parts, les soldats lèvent leurs casques en l'air et se livrent à toutes les démonstrations de la joie qu'ils éprouvent en pensant que la guerre est finie.

Vers le soir, le roi Guillaume s'avance, triomphant, et passe la revue de ses troupes fidèles qui lui font une ovation de hourrahs frénétiques.

On le représente traversant, dans la brume, un champ de bataille où, sur un tas de morts, se tient, debout et armé, un soldat au casque prussien (1) qui, avant de mourir, crie : Victoire !

Avec plus de vérité, l'artiste pouvait supposer que, pour rendre honneur à leur courage, le roi s'était approché de Bazeilles où, à la lueur de l'incendie, son cheval s'arrêterait devant les cadavres amoncelés des intrépides mais cruels Bavarois.

---

(1) Le casque surmonté d'une pointe : Le casque bavarois est orné d'un plumet recourbé de chenilles noires.

Phases et incidents mémorables de la bataille.

————◇————

Le maréchal Mac-Mahon avait reçu dès le commencement de l'action une blessure grave qui le forçait à s'éloigner du champ de bataille et cette blessure, sauvegarde de la gloire militaire d'un grand général, était dans ce moment critique la perte la plus sensible qui pût atteindre une armée pleine de confiance dans la bravoure et la capacité de son chef.

A côté de lui combattait le général Ducrot qui, en conformité de vues avec le maréchal, se trouva par le fait investi du commandement en chef.

Le général Ducrot était au courant des dispositions prises dans le combat et avait été exactement renseigné par ses officiers sur les mouvements qu'allait faire l'ennemi pour envelopper notre aile gauche et couper ainsi à l'armée tout entière la retraite sur Mézières et sur la Belgique.

Il donne en conséquence des ordres pour appuyer les positions prises sur Floing, Saint-Menges et Illy, lesquelles sont trop faiblement soutenues et fait exécuter au 1er corps un changement de front en arrière vers l'*extrême gauche* qui les occupait.

Il ordonne aussi à une division de cavalerie placée en réserve dans les ravins de Cazal et de l'Algérie de se tenir prête à soutenir la retraite et les chefs qui la commandent acceptent comme une faveur le poste où il faudra mourir pour sauver l'armée.

Un mouvement fort accentué dans ce sens est donc engagé lorsqu'un aide-de-camp vient de la part de l'empereur confirmer le général dans le commandement en chef et en même temps lui demander avis sur l'état de la bataille et la position de l'armée.

Le combat marche bien, répondait le général, mais une attaque sur la gauche est imminente et il n'y a pas de temps à perdre pour faire prendre à l'armée, qui est en danger d'être enveloppée, sa retraite sur Mézières en abandonnant *matériel et bagages*.

Cette réponse était rapportée à l'empereur avant *huit heures du matin*, ne l'oublions pas, et c'est après l'avoir reçue (1) qu'il monte à cheval et suivi de son escorte des cent gardes se dirige par la grande rue et la porte de Balan vers le champ de bataille de Bazeilles.

Sa contenance paraît assurée, plus dégagée même qu'il ne convient dans ce moment solennel.

En le voyant s'acheminer avec tant d'insouciance vers le danger, quelques gardes nationaux de la compagnie qui stationne sur la place du rivage veulent l'acclamer,

(1) Au moment même où l'empereur quittait la sous-préfecture (avant neuf heures) on ramenait chez lui le maréchal blessé.

mais par un geste de la main il fait cesser ces rares vivats et il reste impassible lorsque ces mots : « *aut vincere aut mori* » frappent ses oreilles.

En traversant la ville il voit une multitude de soldats qui s'éloignent du champ de bataille et restent sourds à son appel.

En plus grand nombre ils se cachent dans les maisons et les ateliers, se pressent sous les remparts, n'ayant pu retrouver ni les forces ni les encouragements capables de les ramener au combat (1).

Chez la plupart de leurs officiers c'est comme chez eux la défaillance, de la fatigue, de la faim et du découragement (2).

L'empereur franchit les portes, s'avance jusqu'au-delà de Balan, et s'arrête à une faible distance du champ de bataille, sur un point où, dans quelques heures seulement, s'étendra le combat (3).

(1) Il y en avait plus de 20,000, je dis plus de vingt mille.

(2) Malheureusement la discipline manquait ; cependant nos soldats n'ont jamais déserté le combat lorsqu'ils ont été bien commandés. Souvent même comme il est arrivé au combat de Bazeilles, de simples lieutenants s'avançant à leur tête ont pris la place de leurs généraux dans une initiative hardie et résolue.

Mais, nous le disons bien haut : lorsque nous rendons à leur bravoure un hommage mérité (car la bravoure est et restera exclusivement française) nous ne cherchons pas à le nier, pour soutenir sa gloire passée il manquait à l'armée une chose sans laquelle la discipline elle-même, les aptitudes et la capacité des chefs, et toute l'ardeur guerrière des soldats ne suffisent pas pour vaincre. Cette chose, c'est le sentiment du devoir, sentiment qui s'est oblitéré dans l'âme de la société française dont l'armée n'est que la trop fidèle image.

(3) A l'endroit où la grande route de Bazeilles coupe à angle droit et vers le milieu le chemin qui monte de l'église de Balan au cimetière, seul, à cheval et derrière le mur qui sépare la partie haute de ce chemin du Châlet et de la propriété Enouf, l'empereur a examiné pendant plus d'une demi-heure les positions que défendait l'armée sur Bazeilles et vers Lamoncelle, puis, mettant pied à terre, est monté jusqu'au cimetière d'où il pouvait mieux voir l'étendue du champ de bataille et où il a eu un court entretien avec le général commandant en chef.

C'est, sans doute, en cet endroit qu'en visitant les positions prises autour de la ville où il rentrait deux heures après, il rencontra le général de Wimpfenn, car celui-ci, presqu'aussitôt, déclinait au général Ducrot son titre au commandement en chef en lui déclarant qu'il voulait, lui, pousser l'armée sur Carignan (1).

Un débat très-vif s'engage entre ces deux généraux qui se proposaient chacun un but différent.

Le général de Wimpfenn, placé depuis la veille à la tête du 5ᵉ corps, avait employé tout son temps, si ce n'est à le réorganiser, à en rassembler au moins les bataillons épars et ne pouvait, en quelques instants, fût-ce même sur la carte, saisir la multiplicité et juger de l'opportunité des mouvements que l'urgence commandait de faire dans une action si sérieusement engagée.

Vainement son collègue lui fait remarquer qu'il n'y a pas nécessité de se jeter ainsi dans un îlot sans issue, et qu'on peut encore ménager à l'armée, qui résiste avec vigueur, une retraite sur Mézières.

Après quoi l'empereur est revenu à son premier poste d'observation qu'il a quitté au moment où deux projectiles venaient d'éclater sur une maison en construction située sur la chaussée de Balan, à quelques pas de son escorte, qui s'abritait derrière les murs du parc qui confine à la grande route et au chemin du cimetière.

Au lieu de rentrer en ville il prend à droite dans les fossés et rencontre le fond de Givonne qu'il traverse *rapidement et sans s'arrêter* pour revenir en ville deux heures environ après en être sorti.

Il venait de franchir le pont de Meuse lorsqu'un obus éclata à ses pieds sans qu'il en éprouvât ni saisissement ni émotion.

L'empereur n'a donc pas, comme on l'a dit, *passé 5 heures* sur le champ de bataille. En traversant le fond de Givonne il n'a pas *rencontré non plus, étendu sur un brancard, le colonel du 5ᵉ de ligne* qui n'a pas été blessé et est sorti sain et sauf du combat.

(1) Le général de Wimpfenn était le plus ancien des commandants de corps d'armée et le commandement en chef lui revenait de droit.

Le général de Wimpfenn, au lieu de discuter, lui parle de considérations supérieures, de la sécurité de l'empereur, et, finalement, lui montre l'ordre qu'il a reçu du ministre de la guerre de tenter une nouvelle aventure et de pousser en avant, ne voulant pas, surtout, qu'on revînt à Paris.

Le général Ducrot ne put que protester, et il protesta en disant que le salut de l'empereur devait passer après celui de l'armée, puis il se résigna à obéir.

Il n'est pas hors de propos de faire remarquer ici que les mouvements à faire et les dispositions à prendre pour assurer la retraite sur Mézières, assuraient en même temps à l'armée un refuge en Belgique, triste détermination à prendre, moins déplorable, cependant, que celle qui a été prise.

Dans la soirée du 30 août, la voie d'une retraite facile sur Mézières restait ouverte à l'empereur, à l'heure à laquelle le 1er corps, sur le point d'atteindre Montmédy, avait été obligé de se replier sur Sedan, par la rive droite de la Chiers et de la Meuse qui étaient alors complètement libres.

Cette retraite était-elle possible encore? (1)

On ne peut le nier, les difficultés , sans être insurmontables, sont devenues plus sérieuses.

Le Prince royal de Prusse est à Donchery, et pour exécuter le mouvement tournant auquel doit concourir toute l'armée allemande, il a dirigé à marches forcées sur Vignes-

(1) Le général Ducrot ne s'était pas adressé à lui-même cette question, à laquelle un brave colonel dont les Sedanais honorent la mémoire, répondait en disant : « Il ne s'agit pas de savoir si on peut, mais si l'on doit. »

aux-Bois un corps de troupes qui a atteint ce bourg avant sept heures du matin.

Il fallait donc que le 7e corps sortît du cercle de campement dans lequel il s'était confiné autour de la ville, qu'il appuyât les batteries qui avaient été placées sur le Hattoy, les hauteurs de l'Algérie, et au haut de Saint-Menges en les portant jusqu'au-dessus de ce village et du Sugnon afin de commander à la route de Vrignes-aux-Bois et au défilé de Montimont; il fallait, enfin, comme le général Ducrot voulait le faire, que l'armée se repliât sur ce point et, prévenant l'attaque, se retirât sur Mézières, ce qu'elle pouvait faire en abandonnant avec la ville son matériel et ses bagages.

L'infanterie opérait sa retraite par les bois, et à partir de Donchery jusqu'à Mézières, elle n'avait que trois lieues à faire sur le terrain assez large et très-accidenté d'entre la Meuse et la frontière, sur lequel l'ennemi n'avait pas, comme on l'a dit, pris position et ne pouvait faire mouvoir ni cavalerie, ni masses bien imposantes.

Et ce qui prouve que toute l'armée militante pouvait ainsi s'échapper, c'est qu'au lieu de rétrograder vers l'Est lorsque le général de Wimpffenn voulut faire porter tous les efforts des troupes de ce côté, toute une brigade de cavalerie, les 8e et 9e cuirassiers de la division Duchesme passaient de 8 à 9 heures du matin le long de la frontière belge en se dirigeant sur Givet et Rocroi et en évitant la rencontre de l'ennemi (1).

Pourquoi aussi l'armée n'eût-elle pas eu la chance heu-

(2) Il est certain que plus de 10,000 hommes ont échappé à Sedan, soit en se retirant sur Mézières ou Givet, soit en passant la frontière.

reuse de trouver au-delà de Mézières le général Vinoy qui venait à son secours? (1).

A ceux qui persisteraient à dire que ce mouvement de retraite n'était plus possible ou était néanmoins très-périlleux, nous prouverons jusqu'à la dernière évidence que les dispositions prises pour la retraite de l'armée pouvaient en même temps tenir ouverte devant elle la frontière de Belgique et lui éviter au moins la grande humiliation qu'elle va subir à Sedan.

En effet, des batteries bien appuyées sur les hauteurs de Saint-Menges rendent impraticable le passage de l'armée prussienne par l'étroit défilé de Sugnon, la jonction des armées allemandes devient absolument impossible, et la route qui, entre Saint-Menges et Fleigneux, conduit en Belgique à travers la forêt reste libre (2).

Qu'on me donne trois mille hommes, disait un colonel d'artillerie, qu'on avait abandonné dans ce poste avancé, et *j'arrêterai là une armée tout entière.*

Que l'âme est triste et affligée lorsqu'on reconnaît qu'en dehors de ces moyens héroïques ou extrêmes, il n'y avait plus de salut pour l'armée!..

Au lieu de rencontrer un obstacle qu'on pouvait rendre invincible, les deux corps prussiens s'avançant de Donchery, l'un par Vrignes-aux-Bois, l'autre par Montimont, et se réunissant à la briqueterie, au haut de Sugnon,

(1) On sait que le général Vinoy, à la tête d'un corps de troupes de 10,000 hommes, arrivait mais trop tard près de Mézières, et était forcé de faire retraite sur Paris.

(2) Cette route, en parfait état, se bifurque au milieu de la forêt en deux branches, dont l'une incline vers Sugny, et par conséquent dans la direction de Mézières, ou plutôt de Givet et de Rocroi.

s'emparent du village de Saint-Menges sans coup férir, et en délogent nos batteries d'artillerie, qui, n'étant pas appuyées, cherchent à s'échapper par les grands bois.

La batterie du Hattoy dirige son feu sur le village, mais elle ne peut en éloigner l'ennemi qui l'occupe avec des forces imposantes, et elle ne réussit qu'à brûler quelques maisons.

Elle-même (car elle n'était pas non plus suffisamment appuyée) cessera bientôt son feu.

Seules les batteries du Terme et des Hautes, au-dessus de l'Algérie, feront voir, lorsque plus tard le 7ᵉ corps sera appelé à combattre, ce qu'on pouvait attendre de leur solidité et de leur résistance si elles avaient été portées plus avant pour défendre le passage du Sugnon.

Nous avons vu qu'une fois investi du commandement en chef, le général de Wimpfenn, obéissant aux ordres du ministre de la guerre et s'inspirant des idées de l'empereur, arrêtait brusquement le mouvement de retraite, ramenait le 1ᵉʳ corps dans ses premières positions, et s'obstinait à ne livrer qu'une bataille défensive.

Il est plein d'illusion et d'espoir.

Les 1ᵉʳ et 12ᵉ corps opposent toujours une résistance énergique aux Bavarois et aux Saxons qui redoublent d'efforts pour pousser l'armée sur Sedan.

A Bazeilles surtout, nos soldats d'Afrique et notre infanterie de marine ne cessent de lutter avec une indomptable ardeur.

Cependant leur nombre diminue, tandis qu'il s'accroît par des renforts écrasants chez l'ennemi, dont les canons forcent nos mitrailleuses au silence.

Sur dix à douze mille hommes d'infanterie de marine, il y en aura près de quatre mille hors de combat à la fin de la journée.

Doublez, triplez ce nombre si vous voulez compter ceux des soldats de von der Thann qui sont tombés à Bazeilles et dont les casques amoncelés témoignent longtemps encore après la lutte qu'il y a eu là un choc aussi meurtrier que dans les plus grandes batailles, et qu'on sache enfin que cette armée qui va combattre durant tout le jour contre 240,000 hommes, sans pouvoir, si ce n'est à Bazeilles et à Lamoncelle, lutter corps à corps avec l'ennemi, comptait à peine 60,000 hommes qu'on ait pu mettre en ligne (1).

Il est onze heures, les Bavarois ont repris Bazeilles et ont fait reculer nos troupes jusque Balan.

L'Empereur *rentrait* à la Sous-Préfecture au moment où les batteries établies dans la nuit sur la Marphée commencèrent à faire un feu plus nourri sur la ville.

Voici ce qui s'était passé sur ce point de la rive gauche, laquelle tout entière, comme nous l'avons vu, était abandonnée à l'ennemi :

La veille, dans l'après-midi, les artilleurs de la garde nationale, qui étaient à leurs pièces sur les remparts de Torcy, avaient vu défiler des colonnes de cavalerie, passant au pied du versant nord de la montagne et se dirigeant vers le village de Frenois.

Deux fois, le capitaine d'artillerie avait signalé au maréchal Mac-Mahon et à la place cette approche provocante

---

(1) Presque toute la cavalerie est restée inactive et n'a pu être d'aucun secours, même comme réserve.

de l'ennemi, et, deux fois, on lui avait recommandé de ne pas tirer sans ordre, à moins qu'on ne fût attaqué.

C'était, répondait-on, dans la crainte de tirer sur les nôtres, ou, ce qui est plus vraisemblable, d'exposer la ville à être bombardée.

Mais, au point du jour, ou plutôt dès que le brouillard du matin qui les masquait se fut dissipé, on distinguait à la Marphée, sur le mamelon le plus rapproché de la ville (à 1,800 mètres), les traces d'un terrassement qui n'existait pas la veille.

Les travaux étaient peu apparents à l'œil nu, et cependant, en réalité, ils décelaient l'établissement d'une batterie.

Des uhlans s'emparaient de la gare, dont le poste avait été abandonné; des pelotons d'infanterie descendaient en masses noires et serrées, se retranchaient dans les maisons qui, en dehors de l'enceinte, garnissent l'avenue de la gare, et bravaient la garnison en s'approchant de la porte de Paris.

C'est alors, vers 7 heures du matin, que partent de la place les premiers coups de canon, qui forcent l'ennemi à abandonner ses retranchements.

Mais, à l'instant même, ses batteries de la Marphée se démasquent, répondent par un feu convergent et couvrent de projectiles les pièces qui peuvent tirer du rempart qui s'étend de la porte de Wadlincourt à la porte de Paris.

Des deux côtés le feu continue et s'anime.

Trois bombes à pointes de feu portent avec une précision remarquable sur le Dijonval : en quelques minutes le toit est embrasé et ce bel hôtel auquel se rattachent les plus beaux souvenirs des premiers essais aussi bien que des derniers progrès de notre industrie devient la proie des flammes (1).

Le canon du château tonne aussi, le grondement de quelques pièces de 24 retentit et pourrait nous faire espérer l'éloignement du danger si les batteries ennemies ne faisaient pleuvoir sans relâche sur une large surface une grêle de projectiles qui portent à tout coup.

La grande caserne de cavalerie dont les vastes bâtiments se présentent en flanc avec son champ de manœuvres couvert d'hommes, de chevaux et d'équipages, n'est pas épargnée bien que sur son toit flotte le drapeau de l'ambulance de la croix rouge.

La population surprise et effarée se retire dans les maisons et dans les caves.

Les vîtres du grand café de la place Turenne volent en éclats et le général G. qui passe tombe mort sur le trottoir (2).

Le général Guyot de Lespart tombe aussi mortellement atteint et il est porté mourant à l'église St-Charles qui a été convertie en ambulance où il expire.

Plusieurs personnes venant généreusement à son secours trouvent la mort à ses côtés.

---

(1) Les secours courageux des pompiers n'ont pu conjurer ce désastre. Seuls les bâtiments de fabrique ont pu être préservés. C'est le seul incendie qu'ait occasionné dans la ville le bombardement; les obus n'en ont point allumé.

Il paraît que ces trois bombes incendiaires étaient destinées à la sous-préfecture où se trouvait l'empereur, cet édifice dont les hautes maisons cachaient la vue à l'ennemi lui ayant été signalé comme se trouvant placé près du canal de dérivation.

De la Marphée la Meuse au bas du Dijonval ne paraît être qu'un étroit canal.

(2) On n'a reconnu sur le corps du malheureux général aucune trace de blessure.

Vers midi le feu de l'ennemi cesse sans qu'on puisse connaître la cause d'une suspension si inespérée et l'on respire; puis il reprend et se soutient plus intense et plus continu jusque trois heures.

Il cesse enfin tout-à-fait et la population presque remise de sa frayeur éprouve un indicible soulagement.

Que fût-elle devenue si, au lieu de n'être bombardée que d'un seul point elle avait eu à essuyer le feu des formidables batteries qui allaient peut-être l'enserrer de toutes parts!

Le drapeau blanc flotte au haut de la citadelle et sur les remparts.

C'est l'empereur qui au mépris des usages de la guerre, lois protectrices de l'honneur de l'armée et des droits du général en chef, au moment où celui-ci, qui n'est pas même averti, veut continuer à combattre pour se frayer un passage à travers les masses écrasantes de l'ennemi, a envoyé un parlementaire et est entré en négociation avec son frère le roi Guillaume pendant que les soldats des deux armées s'égorgent entr'eux (1).

Le combat, en effet, continue au dehors, et à l'aile gauche il commence seulement à devenir meurtrier pour l'ennemi.

Nos troupes placées dans d'excellentes positions lui font essuyer des pertes sensibles près du Hattoy, lorsqu'après la jonction d'Illy il s'empare de la Garenne où brille la flamme de l'incendie et veut forcer les hauteurs de Floing et de l'Algérie. (2)

---

(1) Cette réflexion est d'un officier bavarois.
(2) Le 37e de ligne, auquel s'était joint un bataillon de chasseurs, se

Un sentiment de honte et de rage (1) arracha au général qui les commandait le mot de lâche! et ses soldats avaient tiré sur le drapeau parlementaire qu'un capitaine d'état-major venait planter par ordre sur le fort des Capucins. Le gé-général croit, sans doute, que c'est un ordre de la place qui veut capituler, mais on lui crie que c'est par ordre de l'Empereur qui, *n'ayant pu mourir au milieu de ses troupes, a remis son épée entre les mains de son vainqueur*. (2).

C'était, en effet, à la suite d'une lettre conçue dans ces

---

maintint sur ces hauteurs et seul arrêta l'ennemi pendant plus de deux heures. (Depuis midi et demi, une heure, jusqu'à trois.)

(1) Il était près de trois heures, lorsque le maréchal-des-logis d'artillerie (M. Payart Poterlot), commandant la batterie placée au fort des Capucins, vit un capitaine d'état-major, suivi d'un hussard porteur d'un drapeau parlementaire, pénétrer dans les retranchements.

— « Nous sommes donc vainqueurs? — Je n'ai rien à vous dire.

— Mais je commande ici, que venez-vous y faire? — J'y viens par ordre de l'Empereur.

— Placez-vous sur le haut du talus, dit alors le capitaine au guidon, et agitez le drapeau. »

Il flottait à peine que plus de trois mille soldats réunis dans les fossés et sur la contrescarpe où continuaient à tomber les projectiles ennemis, poussèrent une clameur formidable. « Non ! criaient-ils, nous ne voulons pas nous rendre. » Puis des coups de feu se firent entendre, et le drapeau fut percé de balles.

Le guidon qui était seul exposé, et à qui le capitaine à plusieurs reprises avait ordonné de tenir bon, ne fut heureusement pas atteint.

Ce fort des Capucins n'avait que des canons braqués sur La Garenne et sur Floing, lesquels forcément restèrent muets.

Mais les grosses pièces du Fer-à-cheval ripostaient toujours aux batteries de la Marphée, et le général de Beurmann qui au moment suprême s'était dévoué pour commander la place, ne pouvait parvenir à faire cesser le feu, bien que (c'était sans son ordre) le drapeau parlementaire eût été placé sur le vieux château par le général Faure, aide-de-camp de l'Empereur.

Le maréchal-des-logis trouva le général ferme à son poste, mais tout en larmes, déplorant sans doute la triste fin de sa carrière si brillamment et noblement remplie, et pénétré de douleur en pensant qu'une plus longue résistance allait attirer sur la ville de plus grands malheurs.

Les obus partant de la Marphée et tombant en partie sur la ville, étaient surtout dirigés vers ce fort, le seul qui fût assez bien armé pour causer dommage à l'ennemi.

(2) C'est bien la parodie de la noble et fière attitude d'un héros remettant son épée entre les mains d'un empereur d'Allemagne. (Texte de la lettre adressée par l'empereur au roi Guillaume.)

termes envoyée par l'Empereur au Roi Guillaume qu'allait cesser le combat.

Le Roi, supposant, ce que l'on tentera en vain de nier et ce que prouve la lettre même, que Napoléon III avait commandé et combattu à la tête de son armée, lui avait répondu sur le ton de la plus grande réserve en le priant de vouloir bien nommer un de ses officiers muni de ses pleins pouvoirs pour traiter de la *capitulation de l'armée*.

Malgré les protestations du général de Wimpffen qui refusait de négocier, le drapeau blanc restait arboré sur la citadelle et les forts, et les parlementaires ennemis étaient reçus au quartier général.

Ce ne fut qu'après divers pourparlers entre l'Empereur et le général qu'un dernier sacrifice fut imposé à celui-ci, qui se résigna à accepter le rôle de négociateur.

C'est à Donchery qu'allaient être discutées entre lui et le comte de Moltke sous les inspirations de M. de Bismark les conditions de la capitulation (1).

(1) Nous n'avons pas parlé d'un incident auquel la juste susceptibilité du général Lebrun a pu seule donner de l'importance.

Le général de Wimpfenn avait proposé à l'empereur dans un billet qu'il lui fit remettre vers deux heures et demie par deux capitaines de son état-major, de venir se mettre au milieu de ses troupes et de tenter une trouée dans la direction de Carignan, en faisant suivre le général Lebrun par toutes les troupes disponibles. (Le général Ducrot devait appuyer le mouvement et le général Douay couvrir la retraite.) Ne recevant pas de réponse et pour cause, il rentrait en ville et comme il l'a dit quelque part, il ne trouvait que des troupes s'excusant de ne pas suivre parce qu'on avait pris la détermination de parlementer.

Ce qui ressort le plus clairement de ces lettres échangées dans la presse, dans lesquelles on cherche en vain l'heure précise à laquelle les faits allégués se sont produits, c'est que jusqu'au dernier moment le général de Wimpfenn s'est fait illusion sur la possibilité de reprendre la route de Carignan. Loin d'être abandonnée par l'ennemi cette route était fermée comme l'est une rue par une barricade. L'étroit espace d'entre la Meuse en amont de Sedan et la frontière belge était couvert des masses saxonnes et bavaroises, et les hauteurs couronnées de leur formidable artillerie.

Le général en chef a voulu bravement et loyalement exécuter des ordres et n'a pas vu qu'il allait se heurter contre l'impossible.

Ce mouvement était aussi insensé qu'étaient grands le trouble et le désespoir qui le lui faisaient proposer.

Le soir du 1er septembre.

————×————

C'était un bien navrant spectacle que celui de cette armée qui, après dix heures de combat, succombe sous les
étreintes de trois ennemis redoutables et conjurés : la faim,
la fatigue et le nombre.

Elle s'est réfugiée tout entière dans la ville et dans les
fossés du château, où cavaliers et fantassins sont entassés
à ce point, que tout mouvement y est devenu impossible et
qu'on ne peut plus y faire un pas sans passer sous les voitures ou sous le ventre des chevaux, et sans marcher sur
le corps à nos malheureux soldats couchés sur le dur pavé
des rues.

Toute l'enceinte est devenue une véritable caserne où
règne le désordre et la confusion.

Les soldats démoralisés méconnaissent leurs chefs et
les généraux eux-mêmes n'osent plus commander, encore
moins sévir, dans la crainte d'être désobéis et bravés.

Le morne désespoir des officiers ajoute encore à la terreur dont la population est saisie à la pensée que les plus

braves ou plutôt que ceux que n'ont pas encore tué la faim et la fatigue vont aller au-devant des baïonnettes ennemies pour se soustraire à l'humiliation ; car si le bombardement recommence la forteresse ne sera pas un abri pour l'armée, et les habitants y seront ensevelis avec elle comme dans un étroit sépulcre.

Ceux qui le soir du 1er septembre ont pu parcourir le champ de bataille y ont retrouvé toutes les horreurs encore palpitantes que laissent après eux les plus terribles combats.

Que de cadavres mutilés, entassés les uns sur les autres et sur lesquels la mort a de ses doigts hideux imprimé toutes les attitudes !

Dans la ville un spectacle mille fois plus horrible remplissait nos yeux de larmes et notre âme d'une douleur si grande que nous ne songions plus à l'effroyable danger qui nous menaçait du dehors.

Tous les édifices publics, tous les sanctuaires convertis en ambulances ne pouvaient contenir nos malheureux blessés.'

Dans la paroisse la plus vaste de toutes ces enceintes il n'y avait plus une seule dalle qui ne fût couverte de sang.

Sur les marches de l'église ils étaient là attendant le tour de l'affreux scalpel et se pansant les uns les autres avec le linge délabré de leurs corps meurtris.

Mais bientôt ils sont portés dans les bras d'une population qui, comme une mère tendre et fière du courage qu'ont montré ses plus valeureux enfants, leur cède la place au foyer et les console par les soins les plus touchants.

C'est donc là le sort qui est réservé à ceux de nos enfants

qui, soldats improvisés, vont bientôt combattre à leur tour dans Paris et dans Mézières?

La terreur enveloppe la ville.

Qu'allons nous devenir?

Les journées des 2 et 3 septembre.

————— ⋆ —————

L'entrevue de Donchery s'était prolongée jusqu'à une heure de la nuit et les négociations avaient été suspendues jusqu'au lendemain 2 septembre.

Rentré à Sedan, le général de Wimpfenn assemble un conseil de guerre, mais c'est uniquement pour la forme car l'empereur a fixé le sort de l'armée et il suffit de lever les yeux pour voir les formidables apprêts du bombardement dont nous sommes menacés (1).

Il fallait se résigner à subir la dure loi du vainqueur.

Le matin l'empereur sort de la ville en voiture fermée et se dirige vers Donchery, où il croit trouver le roi Guillaume (2).

M. de Bismark vient à sa rencontre à mi-chemin de Se-

(1) Dans la nuit avaient été établies de puissantes batteries menaçant la ville de tous côtés. Ces batteries figurent comme foudroyant la forteresse dans les plans et tracés publiés jusqu'à ce jour.

(2) Nous suivons le récit qu'a fait avec une scrupuleuse exactitude des faits extérieurs M. de Bismarck dans son rapport au roi. Ce rapport passe pour être une œuvre d'habile diplomatie.

dan, lui offre l'hospitalité dans la maison qu'il habite à Donchery et la voiture marche au pas à cause des embarras de la route.

Mais à une faible distance de Donchery on s'arrête devant une maison isolée, où dans une petite chambre du premier occupée par un ouvrier tisseur et ne contenant qu'une table et deux chaises a lieu entr'eux un entretien qui dure plus d'une heure.

Cette fois ce ne sera plus comme à Biarritz, et si M. de Bismark fait des réticences ce sera plutôt en faveur du souverain qui peut encore servir les vues de son maître que dans l'intérêt de son pays, puisqu'il prend des avantages qu'il est en droit d'exiger et qu'on n'est pas en force de lui refuser.

Donc le chancelier fédéral commence par décliner l'entretien touchant les conditions de la capitulation de l'armée, cette question exclusivement militaire devant être traitée entre le général de Moltke et le général de Wimpffen (1).

Puis il demande à Napoléon III dont la lettre (sic) lui permet d'apprécier ce premier point avec certitude s'il est disposé à ouvrir des négociations de paix.

« Je suis prisonnier, lui aurait répondu l'Empereur, et « ne suis plus en situation d'agir. C'est le gouvernement « existant à Paris qui représente actuellement le pouvoir « en France. »

Qui donc aux termes de la Constitution a le droit de

(1) Le chancelier fédéral a une tactique à lui dans les négociations diplomatiques. A Ferrières ce sera comme à Donchery, la question militaire sera réservée : M. de Bismark tranche tout avec le sabre.

faire la paix si ce n'est celui qui a pu déclarer la guerre et qui, *personnellement* investi du pouvoir suprême, n'a pas le droit de substituer dans le mandat constitutionnel qu'il a reçu?

Si M. de Bismark se contente de ces paroles évasives, c'est qu'il ne veut pas faire la paix et sur ce point on tombe parfaitement d'accord.

Pour l'un comme pour l'autre, Paris qui n'est pas en état de se défendre est de bonne prise et le maréchal Bazaine est à la tête de notre plus belle armée sous les murs d'une citadelle imprenable.

Il y a donc une partie de cet entretien solennel qui nous échappe mais que les faits ultérieurs se sont chargés de nous révéler.

Un pacte secret vient de se conclure : L'abdication est ajournée, Paris sera humilié et la France sera heureuse de retrouver son maître (1).

Pour faire bien voir qu'aucune convention n'a été arrêtée dans cette entrevue, on sort et on vient s'asseoir en plein air à la porte de la maison, les officers de la suite à l'écart.

L'Empereur aurait alors demandé au comte, qui se refuse péremptoirement de discuter la question, s'il ne serait pas possible de faire passer à l'armée française la frontière de Belgique pour y déposer les armes et y être internée; et quant à la situation politique, l'Empereur n'en aurait parlé que pour déplorer les malheurs de la guerre en déclarant que, lui, il n'en avait pas voulu mais que l'opinion publique de la France l'y avait forcé (2).

(1) Sans la révolution du 4 septembre, le rétablissement de l'Empire aurait eu lieu de concert avec la Prusse. *(Inde iræ.)*

(2) Tous les ministres, préfets et fonctionnaires de l'Empire n'ont-ils pas

L'empereur mit fin à l'entretien en exprimant son désir d'avoir une entrevue avec le roi, et le lieu choisi à cet effet par M. de Bismark fut le château de Bellevue où il conduisit l'empereur.

Le général de Wimpfenn y arrivait aussi; la négociation interrompue fut reprise et les conditions de la capitulation furent discutées en attendant le retour du général de Moltke qui s'était rendu près du Roi et rapportait le texte de la capitulation approuvée par Sa Majesté.

Le roi Guillaume ne voulait voir l'empereur qu'après la signature et elle avait eu lieu depuis une heure lorsqu'il arriva au château de Bellevue où eut lieu leur entrevue (1).

La nouvelle circule avec la rapidité de l'éclair, et dans une proclamation qui est affichée incontinent le général de Wimpfenn annonce aux troupes qui se répandent en d'injustes récriminations contre leurs chefs, qu'il a obtenu des conditions « dans lesquelles leur sont évitées, autant « qu'il a été possible, les formalités blessantes que les usa- « ges de la guerre entraînent le plus souvent en pareilles « circonstances. »

dit en faisant voter le plébiscite? Votez, oui : c'est la paix. Le vote était surpris à peine que c'était la guerre qui était déclarée avec insanité d'esprit et commencée avec ineptie.

Quant à l'opinion publique, c'est une puissance dont l'empereur n'a jamais subi la loi durant son long règne si ce n'est lorsqu'il l'avait corrompue ou entraînée.

(1) On pouvait croire qu'après l'entrevue des deux souverains, le château de Bellevue serait au moins, par un sentiment de haute convenance, mis à l'abri du pillage et de la dévastation : il n'en fut rien.

Il y a dans les Ardennes un autre lieu que le roi Guillaume eût assurément fait mieux respecter, et dont l'armée prussienne n'eût peut-être pas osé fouler le sol, si, en France, nous honorions la mémoire de tous nos hommes illustres par un vivant souvenir.

Ce lieu est le petit village de Jandun, qui est situé en deçà de Launois

L'armée française était prisonnière de guerre et la place de Sedan devait être livrée dans son état actuel et au plus tard dans la soirée au roi Guillaume.

On ne pouvait faire subir aux troupes et à la ville un traitement plus rigoureux.

Le soir, une pluie torrentielle qui dura toute la nuit vint encore augmenter le désordre dans la ville, dont les maisons n'offraient point d'abris suffisants, et des scènes regrettables de dévastation eurent lieu.

Les soldats abandonnaient leurs armes, les couchaient à terre sur les remparts ou les jetaient dans le canal et dans la Meuse.

Les officiers détachaient les aigles de la hampe des drapeaux dont ils se partageaient les précieux morceaux.

Le lendemain 3 septembre devait être pour tous une journée de honte et d'humiliation.

Elle fut aussi pour nos malheureux soldats le commencement de toutes les privations et de tous les outrages qu'ils allaient subir dans la captivité.

Au nord de Sedan se trouve une presqu'île étrange formée par la Meuse, qui prend autour d'elle la forme d'une

---

sur l'ancienne route de Mézières à Paris, et qu'à dû traverser le général Vinoy dans sa retraite.

Là est né le 14 mars 1685 Charles Egide du Han, le précepteur de Frédéric-le-Grand, roi de Prusse, son conseiller privé et son secrétaire d'Etat au département des affaires étrangères.

Du Han s'était réfugié en Prusse avec son père Philippe du Han, seigneur du lieu, après la funeste révocation de l'Edit de Nantes.

Il est mort à Berlin, après avoir accompagné son royal et glorieux élève dans la campagne de 1741.

C'est ce docte et fidèle précepteur, ce Français, qui a développé dans l'âme de Frédéric II le germe de ces belles qualités et de ces rares vertus qui en ont fait plus qu'un empereur, un bel esprit, un puissant génie dans l'art de la guerre, un grand homme.

(Voyez l'éloge de Du Han dans les mémoires de l'Académie de Berlin dont il a fait partie. Tome II , année 1746, pages 475 à 478.)

7

anse s'adaptant à ses deux extrémités au canal de dérivation.

Ce canal à la base sépare cette presqu'île de la terre ferme et en fait une île véritable.

C'était une chose inouie de voir une armée de 80,000 hommes réduite à mettre bas les armes et de trouver sur place une enceinte capable de la contenir durant les premiers et malheureux jours de son asservissement.

Est-ce bien la nature qui d'une aveugle main a pris soin de faire couler la Meuse et de diriger son cours pendant des siècles de manière à préparer pour un jour néfaste cette prodigieuse et funeste prison ?

C'est une fatalité, disait-on, toutes les chances favorables sont pour nos envahisseurs.

Ceux-ci en effet, à qui rien de ce qui peut leur procurer avantage ou profit n'échappe, après avoir livré les villages de Glaires et d'Iges au pillage, se contentent de braquer des canons en face des deux ponts du canal, et l'armée française est jetée dans cet espace où elle campe sur la terre nue durant des jours de pluie et des nuits froides, en proie à la faim et à la fièvre du désespoir, et où elle commence à éprouver les regrets que la honte et les souffrances de l'exil doivent rendre si amers.

Nous voilà arrivés au comble de l'humiliation, et c'est avec un affreux déchirement de cœur que nous voyons flotter sur l'Hôtel-de-Ville ce drapeau (1) aux tristes cou-

(1) C'est Jean de La Marck, le père du fameux Guillaume, surnommé le Sanglier-des-Ardennes, qui, vers le milieu du XVe siècle, paraît avoir adopté le premier les couleurs blanche et noire pour la bannière de Sedan.
On ne sait si c'est lui ou Robert Ⅱ qu'il faut regarder comme l'auteur des armes de la ville qui sont : un sanglier posé sur un roc et appuyé

leurs qui a été celui de l'indépendance de notre libre et ancienne principauté et qui sera à jamais abhorré, puisqu'il devient le signe de misère et de mort qui doit planer sur nous durant la domination étrangère (1).

contre un chêne) : pour signifier que le château de Sedan adossé à la forêt des Ardennes est défendu par de vaillants soldats.

(1) Nous nous proposons d'ajouter un jour à notre récit la longue série de dévastations, de terreurs et de réquisitions *indiscutables* dont la ville et surtout les campagnes environnantes ont eu à souffrir durant l'occupation.

Si quelques documents que refuseraient de nous livrer les autorités nous manquent, la mémoire ne nous fera pas défaut lorsque le temps sera venu de dire librement tout ce qu'en ce moment une prudente réserve nous conseille de taire.

Une seule chose nous est permise, c'est d'admirer la belle et sévère tenue et la parfaite organisation des armées allemandes.

Dans cette guerre, la puissance militaire de l'Allemagne se sera révélée à nous comme une véritable unité en trois personnes, la pensée, la volonté, l'action.

C'est l'unité dans la résolution et le commandement, c'est la perfection de l'instrument de la guerre de conquête et d'extermination.

La ville des Lamarck.

———◇———

Si Sedan n'a pas eu de rois, il a eu les Lamarck et les Turenne qui les valent bien. (1)

Sous le règne des Lamarck, ses premiers seigneurs, ce domaine si exigu, pauvre hameau dont les cabanes se pressaient entre la Meuse et le rocher, allait se transformer dans le cours d'un siècle :

1440   En un château-fort qu'Evrard III de Lamarck construit vers l'année 1440. (2)

(1) Si vous voulez les bien connaître, parcourez la galerie où leurs portraits sont encadrés avec tant d'art que vous croiriez les voir revivre. (*Les Lamarck et les deux Turenne*, par *M. Villet, 1863, chez Tellier, libraire à Sedan.*)

Notre précis est le simple résumé de deux histoires de Sedan, les seules qui aient paru jusqu'à ce jour, de celle de M. le Pasteur Peyran, livre fort élégamment écrit à la glorification de la réforme, et de celle récemment faite, au point de vue catholique, par M. l'abbé Prégnon. Je dois m'abstenir de critiquer la dernière, ayant été fort maltraité par l'auteur, au sujet de mon mémoire historique et consultatif concernant l'origine et la propriété de l'église du Collége de Sedan. *(3e vol. page 115.)*

L'histoire de Sedan est encore à faire, et l'on désire que l'auteur des Lamarck et des deux Turenne se remette à l'œuvre.

(2) Evrard III est le véritable fondateur de la ville. « La lignée de la « Marche est venue d'un ancien Romain de père et de fils jusques à pré-

1454 En une ville forte sous Jean, son successeur, qui la peuple et l'entoure de murailles sur lesquelles il fait flotter le drapeau aux couleurs noire et blanche, en y inscrivant cette devise fameuse : «N'a qui veult Lamarque. » (1)

1469 En une seigneurie héréditaire sous Robert 1er, seigneur de Jametz, de Fleuranges (2), de Dun et du Saulcis, par son mariage avec Jeanne de Marley et par la cession du duché de Bouillon à lui faite par son frère Guillaume de Lamarck, le Sanglier des Ardennes.

1480 En une seigneurie de grande renommée par la valeur chevaleresque de Robert II, dont les hauts faits d'armes ont été célébrés par Brantôme, et de son fils Ro-

1537 bert III, ce vaillant duc de Fleuranges qui a combattu à Novarre, à Marignan, à Pavie et a partagé la captivité de François 1er.

1540 Et enfin en une véritable souveraineté sous Robert IV, ce paisible gendre de Diane de Poitiers, élevé à la dignité de maréchal de France, mais dont la valeur guerrière ne peut être, comme celle de son prédécesseur, appréciée par ce haut titre, ce prince s'étant montré plus jaloux d'acquérir la gloire de doter son

« sent, lequel était prince de la Marche d'Ancône, lequel fut banni de son
« pays, et de là s'en vint en Alllemagne où il fonda le comté de la Marche,
« le comté d'Arembert et plusieurs autres. » (*Mémoires du maréchal de Fleuranges.)*

(1) Cette devise, qui a été remplacée sous les Turenne par ces deux mots latins « *Undique robur* » entourait son blason, lequel consistait en un rocher, base de la forteresse, d'un chêne et d'un sanglier. (Armoiries de Sedan.)

(2) Jametz était à quelques lieues de Montmédy et Fleuranges, près de Thionville.

petit état de bonnes lois, que de s'illustrer dans la guerre. (1)

C'est ainsi qu'en 1540 Sedan devient la capitale d'une principauté souveraine qui reste indépendante au milieu de deux grands empires qui sont constamment en guerre et l'enserrent de toutes parts.

1556 — Henri Robert succède à son père qui meurt au fort de l'Ecluse où il avait été emprisonné après la prise d'assaut d'Hesdin par l'armée de Charles-Quint, et à l'instigation du roi de France provoque de nouveaux combats.

La guerre suspendue d'abord recommence entre Henri II et le roi d'Espagne et cette fois c'est aux dépens du prince de Sedan que vient y mettre fin le traité de Cateau-Cambresis, aux termes duquel Henri Robert est forcé de restituer le duché de Bouillon à l'Evêque de Liége. (2)

Devenu l'époux de Françoise de Bourbon, qui s'est fait protestante malgré son père, comme elle, il embrasse la religion réformée sans cesser d'être tolérant envers les catholiques, et la guerre civile qui ruinera et ensanglantera nos provinces fera la fortune de Sedan.

Les calvinistes y affluent de toutes parts et y apportent avec d'autres arts utiles, qui ont disparu à la ré-

---

(1) L'époux de Françoise de Brézé, aux termes d'un traité d'échange de 1847, acquiert la moitié de Douzy, avec les villages de Francheval, Villers-Cernay, Illy, Fleigneux, St-Menges et Floing. — En 1550, il réunit également à son domaine Raucourt et les villages adjacents.

(2) Le Prince de Sedan avait demandé qu'on lui réservât ses droits et actions dans le traité, et c'est à la faveur de ces réserves qu'il continua à porter le titre de duc de Bouillon, pour le transmettre à ses successeurs avec des prétentions que ceux-ci tentèrent en vain de faire valoir.

vocation de l'édit de Nantes, celui toujours prospère de la fabrication des draps.

Les lettres et les sciences y sont enseignées par les plus célèbres des réfugiés auxquels le prince accorde une généreuse hospitalité.

L'étude du droit surtout y est en honneur et Henri Robert met son nom au bas d'un code qui durera deux siècles. (1)

1572 Henri Robert et Françoise de Bourbon avaient échappé au massacre de la Saint-Barthélemy, mais deux ans après le prince était mort laissant à son fils Guillaume, qui était encore mineur, la principauté de Sedan et à sa fille Charlotte une dotation mobilière.

1574 Françoise de Bourbon, l'une des femmes les plus célèbres du XVIᵉ siècle, devenue régente, fait pénétrer la réforme à Raucourt, l'asile de Françoise la Catholique qui vient de mourir, et fonde ce fameux collége où Toussaint Berchet vient allumer, avec celui des arts et des sciences, le flambeau du protestantisme. (2)

Elle accomplit la réunion en une seule ville du vieux Sedan et du Ménil, élève les bastions de Bourbon et de Lamarck pour protéger la ville du côté de la Lorraine, et crée la Compagnie de la Jeunesse, cette garde mobile douée de toutes les vertus guerrières qui devaient produire un jour la bravoure française. (3)

(1) Les ordonnances et les coutumes (Mars 1568).

(2) Près de ce collége, base sur laquelle viendra s'appuyer plus tard l'édifice de la célèbre académie, il y avait un conseil d'administration dit des Modérateurs, exerçant tout pouvoir sur le personnel et le temporel, et la haute surveillance de l'enseignement.

(3) Cette compagnie fit sa première campagne sous la régence de sa fondatrice, en disputant à l'ennemi le passage de la Chiers vers Douzy.

1583   Guillaume Robert a atteint sa majorité et la régence cesse en 1583.

Les quatre années qui vont suivre compteront au nombre des années de deuil et de misère qui ont affligé la fin du XVIᵉ siècle.

Les Espagnols et les Ligueurs envahissent le pays, bloquent et affament Sedan, dévastent les campagnes, et la peste qui décime leurs rangs occasionne parmi les habitants une mortalité effrayante.

1587   En l'année 1587, une des plus malheureuses, Sedan avait à lutter à la fois contre ces affreux fléaux et contre le duc de Guise qui s'était emparé du poste fortifié de Douzy.

Cependant Guillaume Robert était parvenu à conclure une trêve avec le duc, mais à peine s'était-il mis à la tête des Allemands pour marcher au secours des calvinistes de France, qu'il était abandonné de ses troupes et forcé de se réfugier à Genève, où il meurt à 25 ans, après avoir institué comme héritière Charlotte de Lamarck sa sœur, à condition qu'elle conservera le calvinisme dans la principauté et ne pourra épouser qu'un protestant.

La souveraineté, il est vrai, passe ainsi aux mains débiles d'une jeune princesse de 14 ans, mais c'est Lanoue, le sage exécuteur des dernières volontés du prince son frère, qui |gouverne, et le brave Nueil la protégera de sa vaillante épée contre les attaques de ses cupides agresseurs.

La guerre recommence avec les Ligueurs qui, de Douzy, centre de leurs opérations, se répandent dans toute la principauté, attaquent ses postes fortifiés (1) et s'avancent jusque sous les murs de Sedan.

A la faveur de la nuit, Nueil s'approche de Douzy à la tête des milices sedanaises, donne l'assaut et, après un combat glorieux, reprend ce poste aux Ligueurs qui s'éloignent laissant entre ses mains un butin considérable et de nombreux prisonniers. *(Voir la notice sur Douzy.)*

1590   On voit alors les ducs de Lorraine et de Guise demander, chacun d'eux pour son fils, la main pleine de séduisantes promesses de la princesse Charlotte, mais ces deux prétendants sont évincés parce qu'ils sont caholiques, et c'est au vicomte de Turenne, de l'illustre maison de la Tour d'Auvergne, qu'Henri IV la fait accorder. (2)

1591   A cette occasion Henri IV vient à Sedan pour assister au mariage de son habile négociateur (3) qui avait été aussi son compagnon d'armes à la bataille de Coutras.

Le *Prince époux* plus intrigant que les Lamarck est comme eux un vaillant homme de guerre.

La nuit même de ses noces, il sort furtivement du château, enlève Stenay, que le duc de Lorraine tenait en son pouvoir, et remet cette ville entre les mains du Roi.

(1) Jametz notamment, dont le siége est l'héroïque épisode de cette guerre.

(2) Le vicomte, chef catholique de l'armée protestante à la tête de laquelle il avait déclaré la guerre à Henri III, avait embrassé le protestantisme, et fait cause commune avec Henri de Navarre.

(3) Près des protestants d'Allemagne et d'Elisabeth d'Angleterre.

Il chasse ensuite les Lorrains de Beaumont, s'empare de Dun-sur-Meuse, et reprend la ville et le château de Jametz que le brave capitaine Schelandre avait été forcé de rendre après un an et demi d'un siége mémorable.

1593   Deux ans après, Henri IV abjure et Henri de la Tour d'Auvergne s'éloigne de lui en prenant part aux sourdes menées des calvinistes.

Néanmoins, malgré de sérieux motifs de mécontentement envers lui, Henri IV maintient entre les mains du prince l'héritage de Charlotte de Lamarck, morte après avoir donné le jour à un fils qui ne vécut que quelques instants, et c'est à la faveur de la protection du Roi, plutôt que d'un testament dont l'original n'a jamais paru, qu'Henri de la Tour, comte de Turenne, *reste* duc de Bouillon et Prince souverain de Sedan.

1595   A l'expiration d'une seule année de deuil, le prince épouse en secondes noces Elisabeth de Nassau, fille de Guillaume, prince d'Orange, fondateur des Provinces-Unies, et sans rompre ouvertement avec le Roi, il tourne ses vues ambitieuses vers l'Allemagne.

1598   Après l'édit de Nantes et la paix de Vervins, il ose encore appeler les calvinistes aux armes et, pour le forcer enfin à se soumettre, Henri IV s'avance jusqu'à Donchery avec une armée imposante. *(Voir la notice sur Donchery.)*

1606   Le duc sollicite alors son pardon et subit les conditions d'un traité qui ne reçut qu'un simulacre d'exécution. (1)

(1) C'est vers cette époque que le prince de Sedan acquiert les fiefs de Torcy, Glaire et Fresnois.

1610 — A la mort du bon roi, le duc de Bouillon s'était mêlé aux intrigues de la cour, aux conspirations qui éclatèrent de toutes parts, et il soulevait déjà les calvinistes du Midi contre le nouveau roi de France, lorsque le maréchal d'Ancre fut assassiné et la paix conclue entre la cour et les grands seigneurs.

Devenu sexagénaire, il est enfin forcé de vivre en paix.

Durant les périodes paisibles de son existence, Henri de la Tour n'avait cessé de veiller sur sa principauté et de lui procurer les plus grands bienfaits.

Il commence d'abord à faire exécuter d'importants travaux de défense, puis il orne la ville d'édifices publics. (1)

A l'inspiration de Berchet (2), il adjoint au collége de Françoise de Bourbon cette académie devenue si célèbre, féconde pépinière de savants et d'hommes de guerre, où ont professé les Bayle et les Jurieu.

Il crée une bibliothèque et une imprimerie, qui rivalisent avec les plus beaux établissements de ce genre.(3)

Il fait plus encore, il dote ses états de règlements judiciaires et d'ordonnances de police, qui y maintien-

(1) Les bastions internes de Sillery, de Nassau, de Turenne, de la Maquette : Les cornes de la Rochette, du grand Jardin, des Écossais, du Palatinat : Le Temple, le palais des princes au bas du vieux château, la chaussée qui relie Torcy à la ville et qui a été remplacée plus tard par le grand pont, sont son œuvre.

(2) Toussaint Berchet, l'âme ardente de toutes les institutions d'instruction publique dans la principauté.

(3) Ce sont les précieux manuscrits de cette bibliothèque qui ont permis à Jean Jannon, célèbre imprimeur, inventeur de la Sedanaise, de rendre aux lettres et à son art de si éminents services. La Sedanaise tient le milieu entre la nonpareille et la perle. C'est aujourd'hui la parisienne.

nent la discipline militaire, la paix dans les Eglises, la
célérité et la gratuité dans l'administration de la justice,
l'ordre et les bonnes mœurs.

1623   Henri de la Tour meurt en 1623 (1) ayant eu de son
second mariage avec Elisabeth de Nassau, six filles et
deux fils, Frédéric-Maurice qui lui succède et le grand
Turenne, ayant tous deux fait leurs premières armes
sous Maurice et Frédéric de Nassau, leurs oncles ma-
ternels.

1627   Frédéric-Maurice, général à vingt ans, prend des
mains de sa mère régente, possession de la principauté;

(1) Lorsqu'en 1687, on exécutait des travaux d'appropriation dans l'ancien temple, converti en une église catholique, on ouvrit le caveau sépul-
cral qu'Henri de la Tour y avait fait construire pour lui et sa famille ; il
renfermait sept cercueils, au nombre desquels étaient ceux de ce Prince
et d'Elisabeth de Nassau, sa femme, tous portant des inscriptions qui ont
été conservées et ont servi à les faire reconnaître, lorsqu'en 1841, on en
fit la découverte sous l'angle saillant du mur de l'une des sacristies que
coupaient les ouvriers, pour élargir la voie publique.
   L'administration communale les fit alors transporter dans le nouveau
temple consacré au culte que ces personnes illustres avaient professé, et
où elles reposent sous le modeste monument qui rappelle leur mémoire.
   Cette translation, qui eut lieu le 9 janvier 1842, se fit solennellement, et
au bruit du canon : Les représentants du roi des Pays-Bas, des Laroche-
foucault, des autorités civiles et militaires de Sedan et de Bouillon y for-
maient un imposant cortége. Notre éloquent pasteur Peyran officiait, et
dans un discours remarquable, rendait hommage public à quelques-uns
des Princes dont il avait, comme historien, raconté la vie et les bienfaits,
et lorsque le cortége, en traversant la place, s'arrêta au pied de la statue
de Turenne, le Maire, M. Franquet prononça ces paroles qui ont imprimé
un caractère civique à cette pieuse cérémonie, dans laquelle un auteur
trop catholique n'a voulu voir qu'une pompe plus qu'extraordinaire et
inopportune :
   « Honneur à la famille illustre que Sedan catholique autant que Sedan
« protestante se glorifie d'avoir eu pour souveraine... » Et celles-ci :
« Qu'elles tressaillent dans leurs cercueils, ces cendres augustes recueillies
« par nous avec vénération, en face du monument qui retrace les traits
« de leur glorieux fils. En ce moment solennel, la gloire du grand capi-
« taine brille à nos yeux d'un nouvel éclat et dore à son tour d'un vif
« reflet la noblesse de sa race. Honneur à nos Princes, honneur à Tu-
« renne. » (Voir le récit de la découverte et de la translation des cercueils
de Henri de la Tour, et suivi du discours prononcé à cette occasion par
M. Peyran. Sedan, Laroche Jacob, 1842.)

et, sans avoir égard aux sollicitations de sa famille qui voulait le fixer en Hollande par un mariage protestant, il épouse la belle et zélée catholique Eléonore de Berg.

Sa conversion publique au catholicisme suit de près cette union, devient la cause d'une rupture éclatante avec les Nassau, et donne lieu à des discussions théologiques qui ébranlent toutes les convictions, et vont jusqu'au scandale.

A l'intérieur, le prince cherche à saper par la base l'œuvre de Françoise de Bourbon, en privant de ses libéralités les établissements scientifiques et religieux de son père, et il n'imite celui-ci qu'à l'extérieur, en vivant au milieu des orages qui menacent le trône de Louis XIII.

Richelieu, qui alors gouvernait la France, poursuivait avec une rigueur extrême l'exécution de ses vastes projets.

Pendant qu'au dehors il luttait contre l'Empereur, il était en France en butte à la ligue des Princes.

La conspiration d'Amiens venait d'avorter, et Louis de Bourbon, comte de Soissons, un des conjurés, était venu se réfugier à Sedan, d'où il avait fait sa paix avec Louis XIII, mais d'où le cardinal voulait le faire expulser.

Vainement Frédéric-Maurice invoquait les lois de l'hospitalité, le monarque insistait et son ministre faisait des préparatifs pour envoyer une armée à Sedan.

C'est alors que Frédéric-Maurice, le comte de Soisson et le duc de Guise, qui lui aussi s'était réfugié à Sedan, traitent avec l'Empereur qui donnera 7,000 hommes, et avec l'Espagne qui fournira un nombre égal de soldats et des subsides.

De son côté, Frédéric-Maurice met à la tête de la milice sedanaise et de ses mercenaires, des officiers hollandais qui ont marché sous ses ordres; et, dans un manifeste, les Princes de la Paix jurent fidélité au Roi et guerre à Richelieu.

Celui-ci n'avait pas attendu cette levée de boucliers pour mettre ses troupes en campagne, et le maréchal de Châtillon avec 12,000 hommes campait déjà à Remilly, sur la rive gauche de la Meuse.

Frédéric-Maurice se tenait sur la rive droite, où il attendait les Espagnols et les Impériaux qui, seuls fidèles au rendez-vous au nombre de 7,000, s'avancent jusqu'à Bazeilles, ayant à leur tête le général Lamboy.

Le duc de Guise s'enfuit à Bruxelles, et le comte de Soissons, intimidé, veut demander la paix.

Pour le prince de Sedan, c'était capituler et se perdre de réputation; et pour Louis de Bourbon lui-même, il valait mieux traiter avec son implacable ennemi, après qu'avant le combat.

1641 Sans plus tarder, tous deux passent la Meuse à Torcy, tandis que Lamboy la traverse au-dessous de Wadelincourt, en un lieu appelé depuis le gué des Allemands, et les deux armées se réunissent au sommet de la Marphée, où elles attendent l'armée royale de pied ferme.

Celle-ci s'ébranle fort tard, et, comme la nuit a été pluvieuse, elle a déjà épuisé ses forces lorsqu'elle atteint le plateau élevé dont les princes se sont emparés de grand matin.

C'est néanmoins résolûment, et en bon ordre, qu'elle attaque les Impériaux, car du premier choc elle porte la confusion dans leurs rangs (1).

Mais, en un instant, Lamboy rallie ses troupes et les ramène au feu : elles repoussent l'infanterie royale, qui se replie sur la cavalerie au moment où Frédéric-Maurice, tournant la gauche du maréchal de Châtillon, vient culbuter celle-ci et décide du succès de la journée.

L'armée française, cruellement décimée, fuit vers Mouzon et la vallée de la Bar.

Parmi les morts, on trouva le comte de Soissons, ayant le crâne brisé par un coup de pistolet (2).

Pour profiter de sa victoire, Frédéric-Maurice marche le jour même sur Donchery et s'empare de cette ville.

Entreprise téméraire, car on ne voit point paraître les Espagnols ; Lamboy lui-même est rappelé, et le prince reste seul pour tenir tête à Louis XIII, qui vient en personne au secours du maréchal de Châtillon.

(1, Qu'est-ce que cela, général? Vos gens lâchent pied, aurait dit alors le comte de Soissons, qui se tenait à la tête de la réserve. — Laissez-les faire, aurait répondu Lamboy, c'est leur manière au commencement du combat, ils ne reculent que pour mieux sauter.

Serait-ce en ce moment, comme il est permis de le supposer, que le comte, faible de caractère, envisageant les conséquences affreuses qu'aurait pour lui une défaite, aurait attenté à ses jours? On ne sait.

(2) Le prince de Sedan proteste hautement contre la supposition d'un suicide. Quelques historiens passionnés ont à leur tour tenté de faire rejaillir ce sang d'un dangereux ennemi sur la robe rouge du cardinal. — On raconte enfin que Louis XIII, après avoir visité les hauteurs de la Marphée, aurait traité fort durement le maréchal de Châtillon, et lui aurait dit : « Si vous aviez pris de meilleures dispositions, vous n'auriez pas perdu cette bataille. » Aussi est-il de tradition à Sedan, qu'un général doit s'emparer de la Marphée, s'il veut *défendre la ville* contre l'ennemi venant de la Champagne.

Donchery est repris, Frédéric-Maurice se soumet, et un traité est signé à Mézières où se tient la cour (1).

Le prince de Sedan, dont cette victoire rehausse la la capacité et la valeur, est nommé général en chef de l'armée d'Italie.

C'est cependant bien peu de temps après avoir reçu cette marque de faveur inespérée, qu'il trempe imprudemment dans le complot de Cinq-Mars et de Thou, dont on connaît la fin tragique, et que, pour obtenir la vie sauve, il fait offrir au roi ses souverainetés de Sedan et de Raucourt.

1642   Le cardinal Mazarin, ayant Fabert sous ses ordres, vient en prendre possession, et Sedan, comme un beau fleuron de plus, est ajouté à la couronne de France. Seulement, il n'est pas soumis au régime brutal de l'asservissement par les armes, il a un gouverneur (2), qui ne relève que du Roi, et il jouit des priviléges conquis par la valeur de ses princes, jusqu'au jour où le niveau égalitaire de la révolution vint passer sur lui.

La ville des Lamarck n'est plus ! Mais deux purs

(1) C'est à Mézières que Frédéric-Maurice se lie étroitement avec Cinq-Mars, qui le séduit et l'entraine.

(2) On sait que Fabert fut son premier gouverneur. L'amour du bien public, la probité et la justice ont constamment servi de règle à sa conduite, dit un de ses biographes. Fabert a fait ajouter d'importants ouvrages aux fortifications de Sedan : La corne de Floing, le fort des Capucins où est aujourd'hui l'hôpital militaire et qui confine au fer à cheval, l'ouvrage le plus remarquable de tous ceux qui ont été rétablis sur les places de Vauban, rappellent les formidables travaux qui ont été exécutés sous son gouvernement. Cet homme, dont la modestie a mieux qu'un cordon bleu rehaussé le mérite et les vertus, est mort à Sedan le 16 Mai 1762, également regretté par les catholiques et les protestants.

On voit encore aux Capucins le caveau où la crypte où était placé son tombeau, dont il ne reste plus que le sarcophage.

rayons de gloire la sauveront de l'oubli où elle va tomber, en éclairant sur un berceau le nom de Turenne, et sur une tombe celui de Fabert.

La ville moderne vivra aussi dans l'histoire, mais ce sera par la date sinistre du 1er septembre.

Rien n'aura donc manqué à la renommée de Sedan : après la gloire, la honte éternelle.

Composition de l'armée de Châlons.

----◆----

Maréchal de Mac-Mahon. — Chef d'état-major : général Faure.

1ᵉʳ CORPS.

Général Ducrot. — Chef d'état-major : Colson.

1ʳᵉ division. Général Wolff. — 1ʳᵉ brigade. Général Wolff. 1ᵉʳ bataillon de chasseurs, 18ᵉ et 96ᵉ. — 2ᵉ brigade. Général de Pontis de Houlbec. 1ᵉʳ zouaves et 43ᵉ.

2ᵉ division. Général Pellé. — 1ʳᵉ brigade. Général Montmarie. 16ᵉ bataillon de chasseurs, 50ᵉ et 74ᵉ. — 2ᵉ brigade. Général Gandil. 78ᵉ, 1ᵉʳ tirailleurs, 1ᵉʳ régiment de marche.

3ᵉ division. Général Lhériller. — 1ʳᵉ brigade. Général Cartret-Trécourt. 8ᵉ bataillon de chasseurs, 2ᵉ zouaves et 36ᵉ. — 2ᵉ brigade. Général Lefebvre. 48ᵉ, 2ᵉ zouaves, 1ᵉʳ bataillon des francs-tireurs de Paris.

4ᵉ division. Général de Lartigue. — 1ʳᵉ brigade. Général Fraboulet. 1ᵉʳ bataillon de chasseurs, 56ᵉ et 2ᵉ de marche. — 2ᵉ brigade. Général Lacretelle. 3ᵉ zouaves, 3ᵉ tirailleurs.

Division de cavalerie. Général Duhesme. — 1ʳᵉ brigade. Général de Septeuil. 3ᵉ hussards, 11ᵉ chasseurs. — 2ᵉ brigade. Général de Nanzouty, 2ᵉ et 6ᵉ lanciers, 10ᵉ dragons. — 3ᵉ brigade. Général Michel. 8ᵉ et 9ᵉ cuirassiers.

5ᵉ CORPS.

Général de Failly. — Chef d'état-major : Besson.

1ʳᵉ division. Général Goze. — 1ʳᵉ brigade. Général Grenier. 4ᵉ bataillon de chasseurs, 11ᵉ et 46ᵉ. — 2ᵉ brigade. Général Nicolas. 61ᵉ et 86ᵉ.

2ᵉ division. Général de Labadie. — 1ʳᵉ brigade. Général Lapasset. 14ᵉ bataillon de chasseurs, 49ᵉ et 84ᵉ. (Cette brigade n'a pu rejoindre). — 2ᵉ brigade. Général de Maussion, 88ᵉ et 97ᵉ.

3ᵉ division. Général Guyot de Lespart. — 1ʳᵉ brigade. Général Abattucci. 19ᵉ bataillon de chasseurs, 17ᵉ, 27ᵉ. — 2ᵉ brigade. Général de Fontanges. 30ᵉ et 68ᵉ.

Division de cavalerie. Général Brahaut. — 1ʳᵉ brigade. Général de Bernis. 5ᵉ et 12ᵉ chasseurs. — 2ᵉ brigade. Général de la Mortière. 3ᵉ et 5ᵉ lanciers.

7ᵉ CORPS.

Général F. Douay. — Chef d'état-major : Renson.

1ʳᵉ division. Général Conseil-Dumenil. — 1ʳᵉ brigade. Général Bretteville. Général Morand. 17ᵉ bataillon de chasseurs, 3ᵉ et 21ᵉ. — 2ᵉ brigade. Général Maire. Général St-Hilaire. 47ᵉ et 99ᵉ.

2ᵉ division. Général Liebert. — 1ʳᵉ brigade. Général Guiomar. 6ᵉ bataillon de chasseurs, 5ᵉ et 37ᵉ. — 2ᵉ brigade. Général de la Bastide. 53ᵉ et 89ᵉ.

3ᵉ division. Général Dumont. — 1ʳᵉ brigade. Général

Bordas. 52ᵉ et 72ᵉ. — 2ᵉ brigade. Général Bittard des Portes. 82ᵉ et 83ᵉ.

Division de cavalerie. Général Ameil. — 1ʳᵉ brigade. Général Cambriel. 4ᵉ hussards, 4ᵉ et 8ᵉ lanciers. — 2ᵉ brigade. Général Jolif du Coulombier. 6ᵉ hussards et 6ᵉ dragons.

12ᵉ CORPS.

Général Lebrun. — Chef d'état-major : Greley.

1ʳᵉ Division. Général Grandchamp. — 1ʳᵉ brigade. Général Cambriels. Bataillon de marche de chasseurs et 22ᵉ. — 2ᵉ brigade. Général de Villeneuve. 34ᵉ, 58ᵉ et 79ᵉ de ligne.

2ᵉ division. Général Lacretelle. — 1ʳᵉ brigade. Général Bernier. 14ᵉ, 20ᵉ et 30ᵉ. — 2ᵉ brigade. Général Marquisan. 2ᵉ régiment de marche et 4ᵉ.

3ᵉ division. Général de Vassoigne. — 1ʳᵉ brigade. Général Reboul. 1ᵉʳ et 2ᵉ d'infanterie de marine. — 2ᵉ brigade. Général Martin des Pallières. 3ᵉ et 4ᵉ d'infanterie de marine.

Division de cavalerie. Général Fénélon. — 1ʳᵉ brigade. Génézal Savaresse. 1ᵉʳ et 7ᵉ lanciers. — 2ᵉ brigade. Général de Béville. 5ᵉ et 6ᵉ cuirassiers.

CAVALERIE DE RÉSERVE.

1ʳᵉ division. Commandant : général de brigade Margueritte. — 1ʳᵉ brigade. Général Tilliard. 1ᵉʳ hussards, 6ᵉ chasseurs. — 2ᵉ brigade. Général Margueritte. 1ᵉʳ, 3ᵉ et 4ᵉ chasseurs d'Afrique.

2ᵉ division. Général de Bonnemain. — 1ʳᵉ brigade. 1ᵉʳ et 2ᵉ cuirassiers. — 2ᵉ brigade. 3ᵉ et 4ᵉ cuirassiers.

Bazeilles.

Bazeilles, en latin *Basilica*, lieu où se rendait la justice pour la terre de Douzy, du temps de Charlemagne.

Aux deux extrémités de ce beau village, à la fois agricole et manufacturier, riche et peuplé (1), et qui n'est plus qu'un monceau de ruines, on remarque deux beaux châteaux qui ont servi d'ambulances avant et après la guerre et n'ont été ni brûlés ni même endommagés par les projectiles ennemis.

Au bas du village, sur la prairie, on trouve encore les murs en ruines des bâtiments et de la tour quadrangulaire, surmontée d'un beffroi avec pont-levis, du vieux château où Turenne fut allaité.

La flamme n'a plus trouvé là d'aliment : Le temps, avant le soldat bavarois, avait accompli son œuvre de destruction.

(1) 2,088 habitants.

Douzy.

— ◦ —

Douzy, en latin *Dusiacum*, était le chef-lieu d'une terre que Clodoald, petit-fils de Clovis, avait donnée à l'église de Reims.

Cette donation comprenait, outre le chef-lieu, Saint-Menges, Floing, Fleigneux, Illy, Givonne, Villers-Cernay, Daigny, Lamoncelle, Rubécourt, Bazeilles, Pouru-aux-Bois, Escombres, Pouru-Saint-Remy, *Sedens* (aujourd'hui Sedan) et Francheval, qui, pour la plupart, ont formé l'ancienne principauté de Sedan et marquent les principaux points occupés par l'armée française dans son ordre de bataille du 1er Septembre.

Les empereurs possédaient ce domaine, et Charlemagne y avait fait construire un palais mis en communication avec sa résidence d'Attigny au moyen d'une voie royale.

Les noms de *Fontaine de Magne*, de *Bois de Charlemoine*, rappellent seuls ces anciens souvenirs; car de vestiges, il n'en reste plus aucun, ni de l'ancien palais, ni même du château et du poste retranché repris le 13 avril 1588 par de Nueil, à la tête des milices sedanaises, sur le lieutenant du duc de Guise, dont l'armée attaquait Jametz et Raucourt, coupait la route de Douzy, occupait Balan et s'avançait jusqu'à la porte du Ménil.

Ce combat est resté cher aux Sedanais, qui ont fêté longtemps l'anniversaire de ce jour après la délivrance de deux fléaux à la fois, de la guerre et de la peste.

Un tableau moderne, placé à la mairie de Sedan, retrace ce glorieux souvenir.

Ce tableau est dû au pinceau d'un de nos grands peintres, Félix Philippoteaux.

Donchery.

Cette petite ville était anciennement bien fortifiée.

On y montrait encore, il y a peu de temps, la chambre d'où Henri IV écrivit à Gabrielle d'Estrées, après la reddition de Sedan en 1606 :

« J'ai été plus heureux que César, j'ai vaincu avant d'avoir vu. »

Donchery avait été entouré de nouveaux remparts et de demi-bastions sous Louis XIV. Mais ses modernes fortifications furent rasées en 1676 et on n'y voit plus que quelques pans de murailles soutenant les terrains de ses promenades, et une caserne de cavalerie.

Le prince royal de Prusse y avait établi son quartier général et M. de Bismark sa résidence, durant les journées néfastes de Sedan. — Ses habitants ont vu le roi Guillaume traînant à sa suite et à travers le champ de bataille son impérial prisonnier.

Le Dijonval.

Nicolas Cadeau, né à Leyde vers 1615, est le fondateur de ce bel établissement, qui doit sa moderne prospérité à la maison Bacot, nom que proclament les derniers progrès accomplis par l'industrie sedanaise dans la fabrication des draps fins.

Déjà les maisons Etienne Béchet et Jean Poupart s'étaient essayées avec quelque succès dans la confection des draps façon de Hollande et d'Espagne, lorsqu'en 1646, une société de négociants vint de Paris, sous les auspices du gouvernement, s'établir à Sedan où, à la faveur de concessions gratuites, elle construisit, sur l'emplacement actuel du Dijonval, une fabrique dont le rapide succès lui acquit le privilége exclusif de confectionner des draps à l'instar de ceux de Hollande.

Ces nouveaux fabricants réunis en société étaient : Nicolas Cadeau, Jean Binet et Jacques de Marseilles, qui eurent pour collaborateur Abraham Chardron et pour premiers successeurs Paignon, dit sieur de Dijonval, et la dame Paignon d'Anneville.

A côté d'eux et à la faveur des mêmes priviléges s'élevèrent bientôt les maisons des Rousseau, des Louis Labauche, des Abraham Poupart, dont les patrons furent tous ennoblis, et dès 1666 un édit du roi, sollicité par Colbert, avait déjà étendu à tous les établissements de Sedan la faculté réservée primitivement aux seuls propriétaires du Dijonval.

L'émulation et la concurrence produites par ce don de liberté commerciale relevèrent bien haut la réputation des fabriques de Sedan, dont les produits furent portés jusque dans les îles d'Amérique.

Le traité de Vergennes vint malheureusement ralentir l'essor donné à l'exportation et la révolution de 89 mit à son tour le comble aux revers du commerce sedanais.

Comme toutes les autres, la fabrique du Dijonval sombra durant la période révolutionnaire et on ne la vit renaître qu'aux beaux jours de l'époque consulaire.

A la première exposition qu'ordonna le gouvernement nouveau (1) avaient déjà figuré avec distinction les belles étoffes de MM. Ternaux frères et de divers fabricants de Sedan, et en 1819, l'époque la plus brillante de l'industrie drapière, ce sont MM. Bacot père et fils, les nouveaux propriétaires du Dijonval, qui, pour la beauté et l'excellence de leurs produits, sont récompensés par des titres qui sont pour eux les titres de noblesse préférés, la médaille d'or et la croix de la Légion d'Honneur. (2)

(1) C'est au Ministre de l'Intérieur, François de Neufchâteau, que revient le mérite d'avoir conçu et mis le premier à exécution l'idée des expositions des produits de l'industrie.
(2) Les mêmes titres et récompenses sont accordés à MM. le baron

Leurs successeurs méritent et obtiennent les mêmes
récompenses, et le dernier avait fait de l'établissement
un modèle achevé où la matière première subissait sous
les yeux du visiteur toutes les opérations si compliquées
de la fabrication des draps.

En 1842, et c'est là pour la famille un nouveau titre
à la considération publique et à la reconnaissance des
ouvriers, MM. Bacot avaient institué chez eux la première société générale de secours (laquelle met aujourd'hui nos travailleurs à l'abri de la misère et du
besoin.)

Si, au lieu de rendre tous les hommages qui leur
sont dus à ceux de nos grands industriels qui ont ajouté
à la fabrication des draps une nouvelle et fructueuse
branche de commerce, nous nous bornons à rappeler
ici les beaux jours du Dijonval, c'est qu'au 1er septembre cette belle et riche habitation est devenue le
point de mire des projectiles incendiaires de l'ennemi
et a été détruite par le feu.

Seuls les bâtiments de fabrique restent intacts comme
pour perpétuer à la vue des Sedanais la mémoire de
ceux qui ont tant contribué à relever et moraliser la
population ouvrière et assurer à la ville les bienfaits de
l'industrie.

Poupart, de Neuflize et à MM. Ch. Cunin Gridaine père et fils, successeurs de M. Etienne Gridaine, fondateur de leur manufacture en 1779.
  Dans les expositions subséquentes, nous voyons constamment figurer
les mêmes noms honorables, auxquels viennent successivement s'ajouter,
à mesure que la fabrication s'étend et se modifie, ceux d'un grand nombre
de fabricants, et notamment les noms des Bonjean, Bertèche de Mon-
tagnac, dont les procédés et les inventions ont amené la variété dans
la production, et élargi le cercle de l'industrie.

Proclamation de Sa Majesté l'Empereur.

SOLDATS,

Les débuts de la guerre n'ayant pas été heureux, j'ai voulu, en faisant abstraction de toute préoccupation personnelle, donner le commandement des armées aux maréchaux que désignait plus particulièrement l'opinion publique.

Jusqu'ici le succès n'a pas couronné vos efforts; néanmoins j'apprends que l'armée du maréchal Bazaine s'est refaite sous les murs de Metz, et celle du maréchal Mac-Mahon n'a été que légèrement entamée hier; il n'y a donc pas lieu de vous décourager. Nous avons empêché jusqu'ici *l'ennemi de pénétrer jusqu'à la capitale, et la France entière se lève pour repousser ses envahisseurs.*

Dans ces graves circonstances, l'impératrice me représentant dignement à Paris, j'ai préféré le rôle de soldat à celui de souverain. Rien ne me coûtera pour sauver notre patrie; elle renferme encore, Dieu merci, des hommes de cœur, et s'il y a des lâches la loi militaire et le mépris public en feront justice.

Soldats, soyez dignes de votre ancienne réputation, Dieu n'abandonnera pas notre pays, pourvu que chacun fasse son devoir !

Fait au quartier impérial de Sedan, le 31 août 1870.

NAPOLÉON.

Texte officiel de la capitulation de Sedan.

Entre les soussignés, le chef d'état-major du roi Guillaume, commandant en chef des *armées d'Alle-magne*, et le général commandant l'armée française, tous deux munis des pleins pouvoirs de leurs Majestés le roi Guillaume et l'empereur Napoléon, la convention suivante a été conclue :

Art. 1er. — L'armée française placée sous les ordres du général Wimpffen, se trouvant actuellement cernée par des troupes supérieures, *autour* de Sedan, est prisonnière de guerre.

Art. 2.— Vu la défense valeureuse de cette armée française, exemption pour tous les généraux et officiers, ainsi que pour les employés supérieurs ayant rang d'officiers, qui engagent leur parole d'honneur, par écrit, de ne pas porter les armes contre l'Allemagne et de n'agir d'aucune manière contre ses intérêts, jusqu'à la fin de la guerre actuelle. Les officiers et employés qui acceptent ces conditions conserveront leurs armes et les effets qui leur appartiennent personnellement.

Art. 3. — Toutes les armes ainsi que le matériel de l'armée consistant en drapeaux, aigles, canons, munitions, etc., seront livrés à Sedan, à une commission militaire et instituée par le général en chef, pour être remis immédiatement aux commissaires allemands.

Art. 4. — La place de Sedan sera livrée *dans son état actuel* et au plus tard dans *la soirée du 2 à la disposition* de S. M. le roi Guillaume.

Art. 5. — Les officiers qui n'auront pas pris l'engagement mentionné en l'art. 2, ainsi que les troupes désarmées, seront conduits rangés d'après leurs régiments au corps, en ordre militaire.

Cette mesure commencera le 2 septembre et sera terminée le 3.

Ces détachements seront conduits sur le terrain bordé par la Meuse, près Yges, pour être remis aux commissaires allemands par leurs officiers qui céderaient alors leurs commandements à leurs sous-officiers.

Les médecins-majors sans exception, resteront en arrière pour soigner les blessés.

A Frenois *le 2 septembre* 1870.

(*Signé*) de MOLTKE et WIMPFFEN.

Sedan, le 2 Septembre 1870.

SOLDATS,

Hier vous avez combattu contre des forces très-su-
périeures. Depuis le point du jour jusqu'à la nuit, vous
avez résisté à l'ennemi avec la plus grande valeur et
brûlé jusqu'à la dernière cartouche. Épuisés par cette
lutte, vous n'avez pu répondre à l'appel qui vous a été
fait par vos généraux et par vos officiers pour tenter
de gagner la route de Montmédy et de rejoindre le
maréchal Bazaine. Deux mille hommes seulement ont
pu se rallier pour tenter un suprême effort. Ils ont dû
s'arrêter au village de Balan, et rentrer dans Sedan où
votre général a constaté avec douleur qu'il n'existait ni
vivres ni munitions de guerre.

On ne pouvait songer à défendre la place, que sa situation rend incapable de résister à la nombreuse et
puissante artillerie de l'ennemi.

L'armée réunie dans les murs de la ville ne pouvant
ni en sortir ni la défendre, les moyens de subsistance
manquant pour la population et pour les troupes, j'ai
dû prendre la triste détermination de traiter avec l'ennemi.

Envoyé hier au quartier général prussien, avec les pleins pouvoirs de l'empereur, je ne pus d'abord me résigner à accepter les clauses qui m'étaient imposées. Ce matin seulement, menacé d'un bombardement auquel nous n'aurions pu répondre, je me suis décidé à de nouvelles démarches, et j'ai obtenu des conditions dans lesquelles vous sont évitées, autant qu'il a été possible, les formalités blessantes que les usages de la guerre entraînent le plus souvent en pareilles circonstances.

Il ne nous reste plus, officiers et soldats, qu'à accepter avec résignation les conséquences de nécessités contre lesquelles une armée ne peut lutter : manque de vivres et manque de munitions pour combattre.

J'ai, du moins, la consolation d'éviter un massacre inutile et de conserver à la patrie des soldats susceptibles de rendre encore dans l'avenir de bons et brillants services.

Le Général Commandant en chef,
De WIMPFFEN.

Le Crime de Bazeilles.

Il faut remonter jusqu'à la funèbre époque des premières invasions pour trouver dans l'histoire des actes de dévastation et de cruauté comme ceux que vont commettre les armées allemandes dans notre malheureux pays.

Bazeilles est le prélude sanglant de ces affreux malheurs.

Il n'est besoin à la vérité de fouiller aussi loin dans les siècles passés pour y trouver l'effrayante multiplicité des actes de vandalisme et des atrocités qui sans cesse affligent l'humanité.

Qui ne blâme le grand Turenne, se faisant l'exécuteur de cruautés inutiles et dévastant le Palatinat par l'incendie.

Et Louis-le-Grand bombardant impitoyablement les villes et étendant ses conquêtes par le feu et par le sang.

Serait-il donc vrai que pour acquérir la gloire il faut souvent aller jusqu'au crime? (1)

(1) Mémoires de Frédéric-le-Grand.

Dans ces faits lamentables et dans ces exécutions
douloureuses, nous sommes forcés de reconnaître les
maux inévitables qu'entraîne à sa suite la guerre à l'é-
tranger.

Ce sont toujours et partout des actes cruels qu'expli-
quent une inexorable nécessité ou l'acharnement durant
le combat, l'emploi d'instruments de guerre opposés à
d'autres instruments d'une guerre offensive ou défensive, et le siège de Sébastopol n'a été si long et si difficile que parce que l'attaque a été aussi loyale qu'humaine.

Mais à ces déplorables calamités qui osera comparer
cette guerre impitoyable faite à la population civile plutôt qu'à l'armée, cette dévastation des campagnes calcu-
lée avec un art infernal pour arriver à l'épuisement et à
la ruine d'un pays dont l'aisance et la richesse irritent la
jalousie de nos vainqueurs; ce pillage organisé, anéan-
tissant tout ce qui ne peut être enlevé aux malheureux spo-
liés; cet espionnage élevé à l'état d'institution nationale;
cette odieuse interprétation des lois de la guerre prome-
nant l'incendie en vertu de sentences que prononce une
froide vengeance et faisant planer la peine de mort sur
la tête de braves citoyens qui prennent les armes pour
défendre leurs foyers menacés, et cet atroce bombardement des villes au moyen de projectiles qui laissent nos
remparts intacts mais tuent nos femmes et nos enfants
surpris ou retenus dans l'enceinte, et écrasent dans ses
demeures toute une population innocente et désarmée.

Le nom de Bazeilles signifiera tout cela.

Il ne peut plus être écrit qu'avec de la flamme et du
sang.

Aux yeux de l'étranger qu'une vaine curiosité attire souvent sur le champ de bataille, les traces de l'incendie qui a dévoré Bazeilles tout entier ne seront que les indices de dévastations matérielles si souvent commises dans cette guerre, mais elles ne diront rien de ces terreurs et de ces cruautés d'un autre âge dont ses habitants ont été les innocentes victimes.

Ayons donc le courage de retracer dans toute sa vérité, ce lugubre épisode de la bataille, en citant les faits et en racontant simplement et fidèlement, comme le devoir en fait une loi à celui qui accuse :

Le dimanche, 28 août, il y avait grand émoi et agitation patriotique dans Bazeilles.

Le Maire avait reçu de l'arsenal du château de Sedan 80 fusils à piston, et les gardes nationaux étaient appelés à la mairie, les uns pour y être armés, les autres pour y recevoir des cartouches et se former de suite en compagnie de marche (1).

On venait d'apprendre que des uhlans s'étaient avancés de Stenay jusqu'à Mouzon et on voulait faire une reconnaissance vers Douzy.

Le curé qui se rendait à l'église pour y exercer son ministère, avait été appelé à assister à la distribution et il n'avait, à cette occasion, prononcé aucune parole qui ne fût dictée par l'amour de son pays et la plus grande prudence.

---

(1) Les gardes nationaux armés n'avaient reçu chacun qu'une seule cartouche, deux au plus ; ils n'étaient pas encore organisés et n'avaient point de chefs ; ce que nous appelons compagnie de marche n'était qu'une troupe non exercée de volontaires qui marchaient sous la conduite d'un ancien sergent qui s'était mis à leur tête.

Après quoi, les femmes vont à l'église prier avec lui pour le succès de nos armes. Le petit bataillon part pour Douzy où il est reçu avec acclamation, puis il revient tranquillement à Bazeilles sans avoir rencontré l'ennemi.

Ils le pensaient du moins, puisqu'ils n'avaient pas aperçu un seul homme armé ; mais ils n'avaient pas vu les espions qui vont rendre compte au général Von der Thann de cette manifestation, coupable à ses yeux.

Nos bons gardes nationaux n'ayant pu combattre, se contentent alors de faire bonne garde autour d'un convoi de vivres à la gare du chemin de fer, où ils passent la nuit, et dès le lendemain, 29, l'approche de l'armée française rendant inutile tout service de leur part, ils se désarment d'eux-mêmes et ne prennent plus souci de la défense (1).

(1) Un écrivain militaire bien intentionné mais mal informé, vient d'attribuer aux gardes nationaux de Bazeilles une valeur qu'ils n'avaient pas et dont quelques-uns ont pu se vanter après le combat sans en avoir fait preuve ; il a dit :
« Que dans la journée du 1er septembre, ce village avait été vigoureu-
« sement défendu par l'infanterie de marine et la *garde nationale* de la
« localité. »
Et selon lui, ce sont les obus *français et prussiens* qui l'ont détruit en partie.
« Les gardes nationaux pris ont été fusillés avec de nombreux habitants. »
En présence des faits si scrupuleusement constatés, il est superflu de réfuter ces assertions qui tombent d'elles-mêmes.
Et quant aux représailles exercées avec une froide et aveugle vengeance, elles sont malheureusement trop cruelles pour qu'il soit besoin de faire de soldats ivres et exaspérés, de vrais bourreaux.
Dans toutes les guerres on peut citer, même de nos jours, des actes atroces et sauvages que commettent isolément quelques misérables chefs ou soldats qui déshonorent l'uniforme, mais dont les crimes ne peuvent ternir la gloire de l'armée dont ils font partie. Le crime de Bazeilles, lui, annonce une monstrueuse renaissance de la barbarie ; il est venu renouer la chaîne des atrocités commises dans les temps anciens avec celles qui vont les égaler dans cette invasion d'un peuple civilisé, et là où vous allez voir les flammes consumer celles des demeures dévastées qu'avaient épargnées les projectiles ennemis, et tous ces infortunés habitants que la vengeance a immolés sur les cadavres des combattants ; là des chefs impitoyables ont donné des ordres, là des soldats fanatiques ont obéi : Quelle épouvantable discipline ! !

Le mardi 30 au soir, il y avait déjà grand encombrement sur la route, nos trains d'artillerie venant s'y croiser pour marcher dans deux directions opposées, les uns allant vers Sedan, les autres vers Douzy ; les équipages de l'empereur y passaient aussi et toute la nuit eut lieu le défilé des troupes qui allaient se concentrer autour de Sedan.

Jusqu'à 8 heures du matin du mercredi 31 août le village fut rempli de soldats français de toutes armes, infanterie et cavalerie démontée, la plupart venant de Beaumont, et il était neuf heures à peine, qu'une trentaine de fantassins bavarois montaient par le petit chemin de la prairie, suivaient la grande route en s'avançant vers Sedan jusqu'en face du château de Montvillers (1) puis redescendaient à travers le village *sans être inquiétés.*

Ils sont bientôt suivis d'une nouvelle troupe, laquelle cette fois est accueillie des postes français par une fusillade assez vive durant laquelle les soldats bavarois en se mettant à l'abri dans les maisons, tirent prudemment à eux les habitants qui s'exposeraient en sortant à être frappés par les balles françaises.

On verra comment sont morts ceux d'entre eux qui dans une fausse sécurité, ont cru pouvoir rester dans leurs demeures malgré la présence de l'ennemi.

Toute la journée il y a dans le haut du village un échange continu de coups de feu, et vers deux heures

(1) La guerre était à peine déclarée que les généreux propriétaires de ce château, offrirent de le mettre à la disposition de l'autorité pour y établir une ambulance, ce qui avait eu lieu.

s'engage dans le bas sur la chaussée et le pont du chemin de fer, le premier combat sérieux durant lequel, après avoir vainement essayé de s'établir sur la rive droite dont ils étaient repoussés avec vigueur, les Bavarois ont dirigé le feu de leurs batteries sur la partie du village qui confine à la prairie et incendié tout ce quartier. (1)

Plus de quarante maisons deviennent ce jour-là la proie des flammes. Vers cinq heures du soir l'infanterie de marine restait maîtresse de la position et après avoir aidé les habitants à transporter les blessés à l'ambulance et à éteindre l'incendie, elle venait camper sur la grande place, construisait des barricades et se retranchait dans des maisons abandonnées dont elle garnissait les fenêtres de gabions.

L'une de ces barricades était placée sur la grande route qu'elle interceptait en entier en face de la maison à belvédère convertie en ambulance.

En cet endroit, la voie spacieuse venant de Douzy, tourne brusquement et presque à angle droit vers Sedan, en sorte qu'une troupe arrivant de ce côté ne pouvait voir venir celle qui de Sedan marcherait à sa rencontre.

Le 1er Septembre au point du jour, l'infanterie de marine avait quitté la place où elle avait campé durant la nuit et le canon donnait le signal de la bataille.

Vers quatre heures, un bataillon bavarois venant de

(1) Les Bavarois étaient néanmoins parvenus à s'établir pendant quelques heures dans ce quartier qu'ils ont abandonné précipitamment en enlevant leurs morts et leurs blessés.

Douzy entrait dans Bazeilles, franchissait la grande barricade sans éprouver de résistance, et tournant à droite marchait dans la direction de Sedan.

Accueillie à l'instant même par une vive fusillade, cette troupe avait été forcée de rétrograder et était venue se retrancher derrière la barricade et les maisons voisines.

Un lieutenant fait briser les portes de la petite auberge à double façade, qui près de là donne sur la petite place à l'embranchement de la grande route et du chemin de la prairie, se fait indiquer les issues, se retranche sur le devant de la maison et fait des écuries un abri pour les blessés.

Arrive après lui un officier de *haut grade* réclamant une foule de bons offices que le maître du logis lui rend avec empressement. (1)

Les morts remplissent la grande salle et les blessés sont portés dans l'écurie. Tous ceux que le chirurgien fait adosser au mur, ont reçu d'horribles blessures ; plusieurs ont la poitrine perforée par les projectiles et en proie à la fièvre brûlante de l'agonie, meurent étouffés par l'eau qu'on leur fait boire pour abréger leurs souffrances.

Le chef se montre satisfait, remercie cordialement son hôte, lui promet protection et le prie de lui amener son

(1) Êtes-vous soldat, lui demande-t-il en très-bon français? — Non. — Bourgeois? — Oui. — Seul? — Oui, ma femme et ma mère se sont réfugiées là-haut. — Il y a danger pour elles, faites-les descendre, et vous, restez, j'ai besoin de vos services.

Les deux femmes avec un enfant se blottirent au fond de la cave où, durant le combat, un sergent bavarois les protégea contre ses soldats ivres, en leur faisant comprendre par signes que lui aussi était père de famille. Mais à leur sortie, la mère fut saisie et emmenée avec les autres prisonniers.

cheval jusqu'au milieu de la grande route. Celui-ci lui
tient l'étrier et s'éloigne, mais il a fait à peine quelques
pas vers sa porte, qu'il entend partir un coup de feu, il
se retourne et voit le noble cavalier se renverser sur
son cheval : Il était mort! (1).

« Alors, dit cet homme, les soldats se jettent sur
« moi, furieux et menaçants, et préparent leurs armes
« pour me fusiller ; c'était la mort, si ceux qui m'étrei-
« gnaient ne m'avaient couvert de leurs corps.

« On me frappe cruellement, et on m'attache avec une
« chaîne à l'étrier d'un cheval qui m'entraîne vers
« Douzy.

« Arrivé à mi-chemin, on me ramène à Bazeilles, puis
« on me fait rétrograder et traîner encore une fois vers
« Douzy.

« Ma tête se perdait et je n'avais plus aucun espoir
« d'échapper à la mort, lorsque je vis s'avancer vers
« moi un prêtre ; car c'était bien un prêtre. Ses bottes
« étaient éperonnées, mais il portait une capote noire,
« haut boutonnée, et, par dessus, une étole de couleur
« violette ; il avait aussi un Christ suspendu au côté ;
« s'étant approché de moi, et me le présentant : « Tu
« ne crois donc pas au Christ? » me dit-il, et il m'en
« frappa au visage, au moment où je m'inclinais pour lui
« répondre.

« A leurs yeux, j'étais un misérable digne du dernier
« supplice. » (2)

(1) Ce coup de feu partait de la maison Collard abandonnée la veille, et
dans laquelle s'étaient retranchés des soldats français.

(2) C'est à Dun-sur-Meuse, près de Verdun, que ce malheureux a fait à
ses compagnons d'infortune le récit des souffrances qu'il avait endurées,

On le voit, ce malheureux est la première victime d'une vengeance qui porte sur le front le stigmate sanglant des représailles, et qui frappera de son glaive et secouera ses torches incendiaires lorsque toute une légion d'officiers bavarois tomberont sous les coups de feu qui partent des maisons envahies.

L'effet aussi immédiat que terrible accuse ici la cause, car la fureur des soldats de Von der Thann s'accroît en raison de leurs pertes accumulées et tristement mémorables.

Comme nous l'avons vu, Bazeilles est pris et repris plusieurs fois, et lorsqu'ils s'en rendent tout à fait maîtres (1), ils saisissent, massacrent ou fusillent sur le champ les habitants qui s'offrent à eux les premiers, et demandent grâce pour un crime qu'ils n'ont pas commis.

Plus de 30 de ces malheureux sont tués à coup de sabre, de crosses de fusils ou sont fusillés.

Plusieurs meurent asphyxiés dans leurs caves et des malades périssent dans les flammes de l'incendie.

Il y a parmi eux des vieillards de 86 et 89 ans, des femmes de 75 et 76 ans, plusieurs sexagénaires, des

Tous les prisonniers, mécaniciens et employés du chemin de fer qui s'y trouvaient avec lui, avaient été élargis dans la journée du samedi 3 septembre. Lui seul est resté; s'il n'est pas mort, comment est-il parvenu à s'évader? — On l'ignore. Il racontait qu'à Donzy on l'avait enfermé dans une grange en compagnie du maire et du curé du lieu, tous deux menacés d'être fusillés; qu'attelé à une petite voiture sur laquelle était couché un turcos malade et blessé, il avait traîné son fardeau jusqu'à Nouzon; qu'aussi bien que lui, le turcos avait été accablé pendant toute la route, de coups et d'outrages; qu'il avait passé la première nuit au fond d'une carrière à Beaumont et que de là on l'emmenait sans doute en Prusse.

(1) Vers onze heures du matin.

domestiques étrangers et de pauvres idiots, et parmi toutes ces victimes, on ne trouve que des hommes qui, loin d'avoir pu attaquer, sont incapables de se défendre (1).

L'âge, le sexe, la nature des blessures, l'état mental de quelques-uns, l'extrancité de plusieurs, le genre de mort du plus grand nombre, tout, jusqu'aux circonstances de temps et de lieu, prouve jusqu'à l'évidence que toutes ces malheureuses victimes de la première heure ne pouvaient pas même être soupçonnées d'avoir provoqué l'odieuse et sauvage exécution d'une sentence qui sera la honte éternelle de l'invasion.

Un bien plus grand nombre d'habitants, hommes et femmes, étaient restés dans leurs demeures surpris par un combat qui les enveloppait de toutes parts. Ceux-là, soit qu'ils cherchent à fuir, soit qu'ils se cachent, sont recherchés, saisis, liés deux à deux, outragés et souvent menacés de mort, puis dirigés vers la prairie ou vers la gare où ils passent le jour et la nuit gardés à vue.

Ici, c'est un vieillard que des soldats s'apprêtent à fusiller, et plusieurs sont menacés du même sort, lorsque levant les mains au ciel il supplie le sergent qui va commander le feu, d'épargner au moins les innocents. L'officier, à la seule inspection de leurs mains qui ne sont pas noircies par la poudre, suspend l'exécution.

(1) Voyez la liste certifiée par le Maire et annotée (pièce n° 4) ; un seul était garde national, il a été lié dos à dos avec un domestique étranger et fusillé. C'était un homme on ne peut plus inoffensif, mais il avait des armes de chasse. Dans cette liste des habitants qui ont été tués, on ne trouve ni jeunes hommes, ni jeunes filles, presque tous avaient pris la fuite.

Là, ce sont de pauvres femmes que des soldats ivres chassent devant eux autour du village embrasé, de jeunes enfants s'attachent à elles et poussent des cris déchirants, lorsque leurs mères tremblantes et pâles d'effroi sont forcées de s'agenouiller, et sont mises en joue comme si leur dernière heure était arrivée, jeu cruel qui est renouvelé pour leur faire subir mille fois la mort qu'on ne veut pas leur donner.

Suivis d'une troupe d'ignobles et avides marchands qui s'emparent du butin, les soldats se livrent au pillage et à la destruction.

C'est l'ordre des chefs.

Ils font sortir les blessés des maisons où ils ont été recueillis, et ils y mettent le feu.

C'est l'ordre des chefs.

Aucune demeure ne sera épargnée et l'église elle-même est livrée aux flammes. (1)

Il faut que la sentence soit exécutée et les exécuteurs

(1) Le feu a été mis à l'ambulance Thomas, la maison à belvédère, le jeudi soir vers 5 heures. Trente blessés s'y trouvaient encore la veille. Ces blessés, presque tous français, restaient confiés aux soins de deux gardiens, le garde champêtre et un autre employé qui a disparu, et ces deux gardiens avec l'aide des soldats bavarois venaient de les transporter dans le château Legardeur.

Ce château et celui de Montvillers, où a été établie, après la bataille, l'ambulance prussienne, ont été préservés.

Ce sont au surplus des écarts que n'avaient pas même atteint les projectiles qui ont occasionné le premier incendie.

Au château de Montvillers s'étaient réfugiés un grand nombre de personnes, des femmes surtout et des vieillards qui avaient pu, avant et durant le combat, sortir de Bazeilles.

Enveloppées de toutes parts par l'armée ennemie, elles purent difficilement franchir les lignes au moyen de sauf-conduits et errèrent toute la nuit dans les bois.

Le curé de Bazeilles était resté au milieu d'elles, et après avoir donné à tous les secours et les consolations de la religion, était aussi parvenu à s'échapper, mais le dernier, comme le capitaine d'un navire qui va sombrer.

comme des manœuvres forcenés mettront *trois jours* pour accomplir leur sinistre tâche. (1)

Pendant ce temps la vie des prisonniers restera à la merci d'une soldatesque enivrée de vin et fanatisée par la vengeance. (2)

Et cependant aucun de ceux-là n'a pu être saisi les armes à la main, et ils ne sont pas même coupables de résistance, car autrement ils ne vivraient déjà plus.

Aussi, avant d'être mieux informés, le roi Guillaume et le Prince Royal reculeront-ils devant ces aveugles et sanglantes exécutions.

Le Vendredi 2 Septembre, une longue chaîne de malheureux, les mains liées derrière le dos, sont amenés à Angecourt pour y être jugés et traversent les lignes ennemies en subissant tous les outrages. (3)

Là, un chef croit ajouter à leur désespoir en leur annonçant que leur Empereur est prisonnier, et, sans les

---

(1) Cette affreuse sentence a été portée ; sa sinistre et lente exécution en est la première preuve ; et voici un fait hautement révélateur qui la confirme : Lorsque vers la fin du mois de septembre l'autorité prussienne a vu les étrangers, émus de compassion au récit de tant de souffrances et de malheurs, venir au secours des habitants de Bazeilles, elle a qualifié des actes d'humanité comme *flétrissant d'un blâme et comme donnant une fausse interprétation à la sentence exécutée* contre ce village en vertu des lois de la guerre. Elle a fait disparaître les troncs des églises et expulsé de Sedan les généreux Anglais qui avaient pris la noble et courageuse initiative d'une quête et d'une distribution de secours pour ces malheureux, dont le plus grand nombre n'avait ni pain ni asile. (*Pièce N° 5*).

(2) Comme plusieurs autres, Pochet-Legay qui était en Belgique le 1er *Septembre*, n'a été saisi que le lendemain à son retour, par les Bavarois, et son corps a été retrouvé enterré dans la prairie.

(3) C'est au passage de la Meuse, que quatre d'entre eux formant deux groupes, dans un mouvement inspiré par le désespoir, car ils ne croyaient plus échapper à la mort, se jettent à l'eau et disparaissent. Deux domestiques formant l'un des groupes furent noyés. Les deux autres furent arrachés à la mort par les soldats bon nageurs qui se trouvaient sur les barques pour prévenir les accidents.

interroger, on les ramène à Bazeilles pour y être jugés par un Conseil de guerre.

Le lieu choisi est sur le chemin qui conduit de Bazeilles à Daigny entre le parc de Montvillers et la propriété de Beurmann, dans laquelle sont placés les divers groupes de prisonniers.

De là ils voient les flammes s'élever au-dessus des arbres du parc, et les toits des maisons voisines s'embraser ; de la grande place se font entendre les sons d'une musique triomphale auxquels se mêlent les crépitements de l'incendie. Une force imposante les entoure, et le peloton qui doit les fusiller se tient en face d'eux l'arme au bras. On leur donne pour défenseur d'office un officier ; on les appelle tour à tour et les premiers qui ont passé devant le Conseil ne reparaissent plus.

En ce moment suprême, l'un d'eux, c'était celui contre lequel paraissaient s'élever des charges accablantes, ne croyant plus jamais revoir sa femme et ses enfants, affronte résolûment le danger et par sa ferme défense, achève de convaincre de leur innocence le chef qui préside cet impitoyable tribunal. (1)

---

(1) Vous avez tiré sur mes soldats, lui dit le Général ; vous êtes un de ceux qui dimanche dernier ont distribué des armes à la Mairie, et vous faisiez partie de la reconnaissance qui a eu lieu ce jour-là vers Douzy. Vous ne pouvez plus le nier, c'est un de vos co-accusés qui vient de le déclarer devant le Conseil. — Il n'y a rien de vrai dans tout cela, général, aurait-il répondu. Nous n'avons point tiré sur les soldats bavarois. Je n'ai fait aucune distribution d'armes à la Mairie. Etranger à Bazeilles, je ne faisais partie ni du Conseil municipal, ni de la garde nationale. Jamais, lorsque j'étais à l'armée, je n'ai tiré un seul coup de fusil en dehors de mon service, mais si j'avais été requis et commandé j'aurais fait mon devoir. — Ah ! vous avez été soldat ! — Nous n'avions point d'armes lorsque l'on nous a saisis, et on n'en a pas trouvé chez moi lorsque vos soldats sont venus me prendre et mettre le feu à la maison dans laquelle ont sans doute péri ma pauvre femme et mes enfants.

Tous sont successivement mis en liberté. (1)

Les prisonniers, hommes et femmes détenus à la gare, allaient aussi être délivrés. (2)

Il est trop tard !

Les malheureux habitants qui ont été massacrés et fusillés sont déjà recouverts de terre, et toute cette population, femmes, enfants, vieillards que décime et que décimera longtemps encore la mort, lente mais inévitable qui suit pas à pas la ruine et la terreur, de quoi est-elle coupable? (3)

Vainement pour laver une hideuse tache de sang, on invoquera les lois de la guerre.

La froide vengeance qui a frappé et qui a promené la torche incendiaire après le combat, s'est assouvie par un grand crime que les étrangers eux-mêmes voudront

---

(1) Vers neuf heures du soir.
La joie du triomphe aurait-elle fait reprendre aux sentiments d'humanité tout leur empire?
On voudrait croire qu'en ramenant les prisonniers d'Angecourt à Bazeilles pour instruire sur les lieux, le général obéissait à ces sentiments plutôt qu'à des ordres supérieurs. Mais comment ne verrait-on pas dans cet appareil improvisé, une révoltante profanation de la justice? Car au moment même où siége le Conseil, c'est un officier seul qui, à la gare, et après un interrogatoire pour la forme, met brutalement tous les prisonniers en liberté, et les soldats continuent à attiser le feu dans les maisons qui n'ont pas encore subi les atteintes de l'incendie pour eux trop lent à dévorer.
Le général Von der Thann qui présidait (c'était lui) leur adressa alors ces paroles sinistres: « Sachez-le bien, toutes les villes et les villages dont les habitants tireront sur nos troupes seront brûlés comm Bazeilles. »

(2) Un chef s'approche d'eux et leur dit :
« Encore quelques heures et vous serez mis en liberté, mais fuyez au « loin et ne rentrez pas à Bazeilles, dans la crainte que mes soldats exas- « pérés ne vous ressaisissent encore.
« Nous ne sommes point des barbares, ne craignez rien.
« C'est votre curé qui a fait tirer sur nos officiers et nos soldats, et qui « est cause de tous vos malheurs. Il vient de se laisser brûler dans sa « maison. »

(3) Voir pièce N° 4 in-fine.

venger par l'éclat de leurs dons incessants et généreux.

C'était l'ordre des chefs; la sentence a été exécutée par le fer et par le feu, et elle a continué à être exécutée par l'incendie même après la mise en liberté des prisonniers.

Et la gazette de Berlin dira que ces représailles d'un autre âge ont été provoquées par les bourgeois qui, à bout portant, auraient tiré sur les officiers bavarois, et par les femmes elles-mêmes, élevant les barricades de leurs mains et le pistolet au poing chargeant les envahisseurs.

Un jour, et ce jour n'est pas éloigné, lorsque ces veuves et ces orphelins viendront exhumer et reconnaître les cadavres de leurs pères et de leurs maris infortunés, on ne trouvera dormant à leurs côtés ni étrangers, ni francs-tireurs, ni gardes nationaux, ni soldats revêtus d'autres habits que de ceux d'uniforme et lorsque l'on sondera avec horreur les fosses profondes où sont entassés les Bavarois, la lumière de la vérité ne pourra plus être obscurcie, et l'on reconnaîtra enfin que l'exécution par les armes de ses habitants inoffensifs a été inspirée, et l'incendie de Bazeilles allumé par les passions aveugles d'une vengeance sur laquelle on a voulu jeter le masque du droit de la guerre et de la justice.

Malheur aux vaincus !!

Après avoir passé sur Bazeilles comme un ouragan et avoir mis ce beau village au niveau du sol, les armées allemandes enchaînées désormais par les liens du pillage et du succès, vont continuer à suivre la voie des exécutions sanglantes, et ajouter les calculs et les raffinements d'une science inhumaine aux terreurs et aux dévastations des Vandales.

Dieu veuille qu'un jour, au souvenir de ces traitements et de ces massacres barbares, nous ne ternissions pas l'éclat de nos armes par des représailles vengeresses, et que nos âmes ne soient saisies que de ces saintes et patriotiques colères qui doivent nous faire réprouver plus que jamais le despotisme militaire et les guerres d'extermination ! (1)

(1) A l'exception de deux d'entre eux, tous les corps des habitants de Bazeilles qui avaient disparu dans les journées des 1er et 2 Septembre on t été retrouvés et reconnus à la suite des diverses opérations de désinfection qui viennent d'avoir lieu.

On serait parvenu à vérifier ainsi le nombre des morts, si l'autorité prussienne n'était intervenue pour faire cesser cette recherche et substituer à la crémation un autre mode de désinfection.

Il était bien difficile aussi de découvrir, à Bazeilles comme ailleurs, les fosses où l'ennemi, maitre du champ de bataille, avait enterré ses morts. Souvent il les fait transporter au loin.

C'est ainsi qu'au combat de Mouzon, les Saxons ont été enterrés du côté de Beaumont, et qu'à Bazeilles on n'a retrouvé ni dans la prairie, ni dans la Meuse près du pont du chemin de fer, aucun des soldats Bavarois qui ont succombé en grand nombre sur ce point.

Jamais leurs fosses ne s'élèvent au-dessus du niveau du sol. La trace du soc de la charrue ou la mauvaise odeur sont les seuls moyens de les découvrir.

Quoiqu'il en soit, par suite des premières opérations de désinfection faites sur Bazeilles, Lamoncelle et Daigny, on a cherché à établir une proportion entre les pertes des deux armées, et on a trouvé au début, autour de Bazeilles, un seul Français sur 5 à 7 Bavarois qui y auraient perdu plus de 200 officiers dont 54 de la seule ville de Munich.

(Plus de 12,000 hommes sont tombés là).

Et sur Bazeilles, Lamoncelle et Daigny, un sur quatre.

D'autre part on donne comme exact le chiffre de 11 à 12,000 blessés français admis dans les ambulances de Sedan et des environs,

Partant de ces données et d'autres encore, toutes fort hypothétiques assurément, on a évalué à 20 ou 25,000 du côté des Français et à 50,000 du côté de l'ennemi le nombre des hommes mis hors de combat durant les trois jours de bataille.

Liste des habitants de Bazeilles, tués, blessés ou disparus lors des combats des 31 Août et 1er Septembre 1870.

———◆———

1º Cotin-Chartier âgé de 42 ans, blessé le 31 Août par une balle qui lui a traversé l'épaule, fait prisonnier le 2 Septembre, mis en liberté le 8, mort le 15. Laisse une femme et deux enfants âgés l'un de 19 ans et l'autre de 8 ans, sans ressources. (Blessé le 31 Août, il n'a pu faire le coup de feu le 1er Septembre.)

2º Déhaye Jules, 30 ans. Deux enfants asphyxiés dans une citerne. Le père et le 3e enfant sont morts depuis.

La veuve reste sans ressources.

3º Déhaye Simon, 65 ans, père de Jules ci-dessus nommé, tué à coups de crosse de fusil le 1er Septembre. Sa femme est morte quelque temps après.

4º Boury Emmanuel, 39 à 40 ans, célibataire, tué sur la rue le 1er Septembre. (Atteint d'insanité d'esprit.)

5º Henriet Gustave, 27 ans, célibataire, tué le 1er Septembre. (Atteint d'insanité d'esprit.)

6° Baptiste, célibataire, 57 ans, tué le 1ᵉʳ Septembre. (Idiot.)

7° Lacroix-Lardennois, 56 ans, disparu et retrouvé enterré dans la prairie. Laisse une veuve et un fils sans ressources.

8° Lesoile Nicolas, 58 ans, manœuvre, disparu et retrouvé enterré dans la prairie, portant plusieurs coups de sabre à la figure. Laisse une veuve et deux enfants sans ressources.

9° Pochet-Legay Ferdinand, étranger habitant Bazeilles où il ne se trouvait pas le 1ᵉʳ Septembre. Rentré le 2 de Corbion (Belgique), pris par les soldats bavarois, disparu et retrouvé enterré dans la prairie. Laisse une veuve et trois enfants en bas âge dans une grande misère.

10° Bézé-Bertrand disparu le 1ᵉʳ Septembre. Il était employé aux ambulances et garde de M. Thomas-Friquet. Il laisse une veuve et deux enfants sans ressources.

11° Henry-Moutarde, 58 ans, disparu ; on n'a point retrouvé son corps. Laisse une veuve et un enfant sans moyens d'existence. (Suisse de la paroisse.)

12° Jacquet-Sᵗ-Jean, 57 ans, atteint de deux coups de feu au moment où il s'enfuyait ; disparu. Laisse une veuve et deux enfants sans moyens d'existence.

Le sieur Bodart déclare avoir vu son cadavre dans une rigole.

13° Malaisé-Hagnery, 64 ans. On pense qu'il aurait été tué dans son écurie, son corps a été retrouvé dans les décombres de sa maison. Laisse une veuve et deux enfants ayant des moyens d'existence.

14° Hagnery-Lambinet, 57 ans, fait prisonnier et disparu. Laisse une veuve et un fils ayant quelques moyens d'existence.

15° Lhuire, Paulin, 61 ans, blessé d'un coup de sabre à la tête, au moment où il remontait *trop lentement* de la cave où il était descendu pour tirer du vin ; disparu. Laisse une veuve ayant quelques moyens d'existence.

16° Lhuire-Hosselet, 65 ans, frère du précédent, veuf, disparu.

17° Cuvillier, 60 ans, Belge, disparu. Laisse une veuve et plusieurs enfants sans aucun moyen d'existence.

18° et 19° Les deux frères Gripoix, âgés de 50 et 56 ans, l'un tué dans la grande rue et l'autre disparu et retrouvé enterré dans la prairie. Laissent une sœur estropiée ayant quelques moyens d'existence.

20° Grosjean, 40 ans, Belge, garçon brasseur chez Mme Jacob, disparu et retrouvé enterré dans la prairie.

21° Lamotte, Jean-Pierre, garçon brasseur chez Mme Jacob, disparu et retrouvé enterré dans la prairie. Laisse une veuve et trois enfants sans aucun moyen d'existence.

22° Husson-Collet, 89 ans, disparu et retrouvé enterré dans la prairie. Il n'y avait sur son corps aucune trace de blessures.

23° Dagand, Auguste, 60 ans, disparu. On n'a pas retrouvé son corps. Laisse une veuve ayant quelques moyens d'existence.

24° Herbulot-Aymond, 58 ans, tué le 1er septembre. Laisse une veuve et deux enfants sans moyens d'existence.

25° Legay, Madeleine, veuve, 76 ans, brûlée dans son lit.

26 Bertholet-Francotte, veuve, 75 ans, brûlée dans son lit.

27° Vauchelet-Hagnery, asphyxié et brûlé dans sa cave. Laisse une veuve ayant des moyens d'existence.

28° Vauchelet, Flore, 12 ans, fille du précédent.

29° Hagnery, Pierre, beau-père de Vauchelet.

30° Hagnery, Jean-Baptiste Antoine, fils du précédent, célibataire.

Ces quatre personnes ont été asphyxiées et brûlées dans la cave du sieur Vauchelet où elles s'étaient réfugiées.

31° Robert-Paris, homme de mœurs douces et paisibles, disparu et retrouvé enterré dans le parc de Montvillers. Laisse une veuve et deux enfants ayant des moyens d'existence.

32°   , de Yoncq, domestique de M. Robert ci-dessus nommé, s'était sauvé pendant la bataille de Beaumont et s'était rendu chez sa sœur.

Retrouvés tous deux, liés ensemble, dans le parc de Montvillers. Leurs corps étaient criblés de balles.

33° Billiot, Jean-Baptiste, Belge, domestique chez Téophile Allin ; célibataire, disparu.

34° Remy-Monin, 30 ans, malade, alité depuis trois mois, a reçu trois coups de pistolet. Une balle lui a labouré le menton, une autre lui a traversé la main et la troisième lui a labouré la poitrine. Il est mort quinze jours après, laissant une femme et un enfant sans aucun moyen d'existence.

35° Domelier-Coquille, 86 ans, tué dans sa maison et brûlé ensuite. Laisse une veuve à peu près du même âge et sans moyens d'existence.

36° Harbulot-Lambert, 50 ans, réfugié dans sa cave, blessé à la tête et au bras de neuf coups de sabre, fait *prisonnier*, *relaxé* et mort à la suite de ses blessures. Sa femme a été emmenée et est restée pendant neuf jours entre les mains des ennemis qui lui ont fait subir les plus odieux traitements. Elle reste veuve avec deux enfants, sans moyens d'existence.

37° Uranie Moreau, femme Ducheny, 54 ans, faite prisonnière et morte des mauvais traitements qu'elle a subis. Son mari, plus que sexagénaire, a été, sans motifs, accablé de coups et sur le point d'être fusillé.

38° Déhaye-Bertholet, blessé d'une balle au bras qui l'a longtemps retenu malade, sans moyens d'existence.

En outre, sur la population de Bazeilles, s'élevant à 2048 habitants qui se sont réfugiés en partie dans les villages voisins, il est mort, depuis le 1er septembre 1870, environ 150 individus, par suite de misère et de privations. (1)

Certifié sincère et véritable le présent rapport, par nous, maire de Bazeilles.

Bazeilles, le 23 Avril 1871.

Signé : BELLOMET.

(1) Il est plus vrai de dire : A la suite des violences, des mauvais traitements et des terreurs subies.

La communication officielle suivante a été faite par l'autorité prussienne au commissaire de police de Sedan :

Sedan, le 29 Septembre 1870.

J'ai appris qu'à la *Croix d'Or* et dans d'autres hôtels, on fait coller l'affiche ci-jointe, pour quêter en faveur des pauvres de Bazeilles.

Je vois dans cet acte un blâme et une fausse interprétation de la *sentence exécutée* contre ce village en vertu des lois de la guerre.

Cela ne peut être toléré, surtout de la part d'*étrangers* qui se permettent de juger de la manière d'agir des troupes allemandes, et qui, en outre, font fabriquer encore aujourd'hui des armes et des médicaments contre nous.

Que ces *grippe-sous (grosschenputzer)* agissent dans leur pays comme ils l'entendent, je crois qu'il est de notre intérêt d'arrêter ces messieurs et de les renvoyer chez eux.

Signé : Richard GOELCH.

Le Commissaire de Police veillera à ce qu'aucune souscription ne soit faite dans la ville sans l'autorisation de M. le Commandant de la Place.

Les pièces ci-jointes devront être renvoyées de suite avec une attestation de M. le Commissaire de Police, constatant qu'il en a été pris connaissance.

Sedan, le 29 Septembre 1870.

Le Commissaire civil,

STRENGÉ.

FIN.

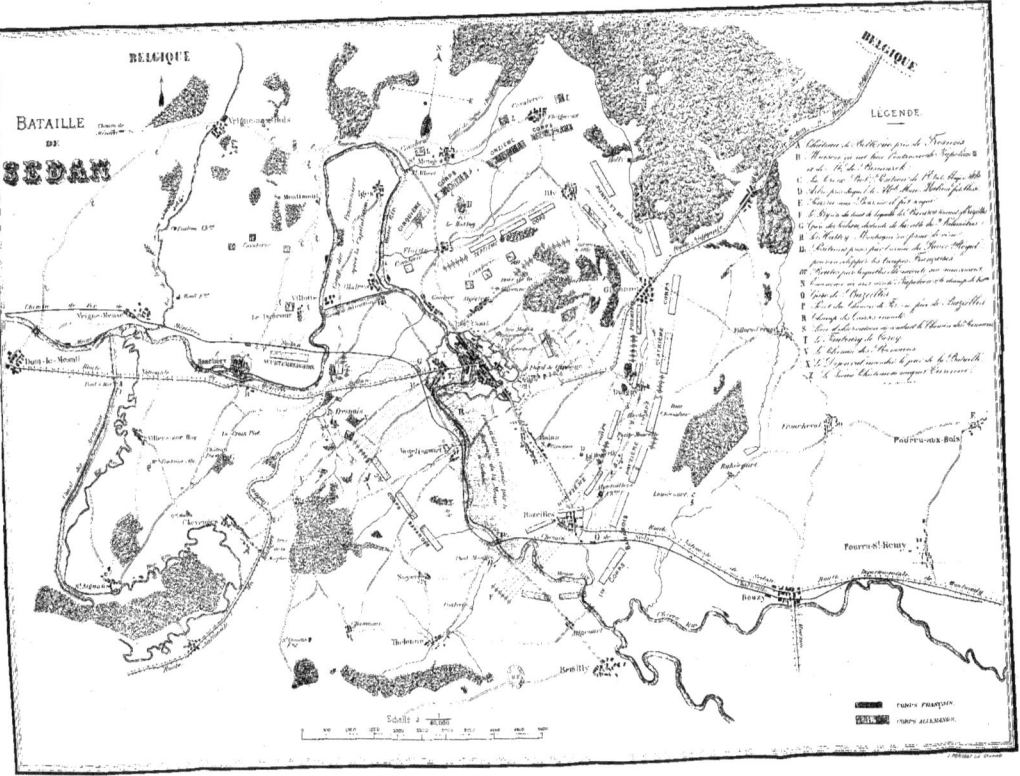

BATAILLE DE SEDAN

BELGIQUE

BELGIQUE

LÉGENDE

A Château de Bellevue pris de Francais
B Maison où est tenu l'entrevue de Napoléon III et de Mr. de Bismarck
C Le Cour Pais d'entrée de l'État Major Prussien
D Site principal de l'État Major Hollandais Allemand
E Entrée ... ... Pari ... et pris ...
F Ligne de ... de la Prusse avant d'Argille
G Tour de bataille détruite du côté de Balancourt
H La Motte y Bonlanque en forme de ...
I Bastions par ... l'armée des Prince Royal pour ... échapper les Troupes Françaises
M Route par laquelle ... avant ... mouvement
N L'armée ... où ... visite Inspection et champ de tirer
O Gare de Bazeilles
P Sur le Chemin de Fer ... pris de Bazeilles
R Champ des Croix ...
S Tout d'observation ... ... l'Avenue des Canaux
T Le Faubourg de Cassy
U L'Avenue des Prussiens
X Le Régiment ... le pris de Bazeilles
V Le Beau Château ... ...

Scelle 1/80000

CORPS FRANÇAIS
CORPS ALLEMANDS